Rheintöchter, Schifferinnen, Badenixen und Kindsmörderinnen

Layout : Weusthoff & Rose, Köln
Belichtung : DieVierfarben, Köln
Druck und Bindung: Clausen & Bosse GmbH, Leck
Printed in Germany 1999
ISBN 3-89705-154-0

Rheintöchter, Schifferinnen, Badenixen und Kindsmörderinnen

Kölner Frauenleben am Rhein

Bettina Bab und Katharina Regenbrecht

Emons

Inhalt

Frauenleben am Rhein

Keine sagenhaften Rheintöchter – nein, fünf Badenixen, ganz reale Kölnerinnen, lächeln Ihnen vom Einband dieses Buches entgegen. Das Foto aus dem Jahre 1928 zeigt sie und ihren Fluß im besten Einvernehmen miteinander. Dies ist aber nur eine Seite der Beziehung zwischen dem Rhein und den Frauen an seinen Ufern.

In der langen Geschichte der Stadt Köln prägte der Fluß entscheidend das Wohlergehen der Menschen. Sein Wasserstand, die Möglichkeiten, ihn zu überqueren, und die Gesetze, die den Schiffsverkehr regelten, waren während vieler Jahrhunderte Grundlage der Entwicklung Kölns. Der Rhein lag bis ins neunzehnte Jahrhundert vor den Toren der Stadt, da sich die mittelalterliche Stadtmauer auch am Rheinufer entlangzog. Erst nach dem Abbruch der ehemaligen Schutzmauern, dem Bau von Brücken und schließlich der Eingemeindung der rechtsrheinischen Stadtteile Deutz und Poll im Jahr 1888 rückte der Strom ins Zentrum der Stadt Köln. Dort, wo früher gearbeitet wurde, wo Kräne, Winden, Marktschiffe und Waschboote zu sehen waren, dominiert heute der Freizeitaspekt: promenieren, radeln, skaten am Rheinufer, ein kühles Kölsch in einem Biergarten trinken oder auf den Poller Wiesen Drachen fliegen lassen.

Rheinansicht vom südlichsten Punkt der Stadtmauer am Bayenturm bis zur nördlichen Spitze bei St. Kunibert (16. Jh.)

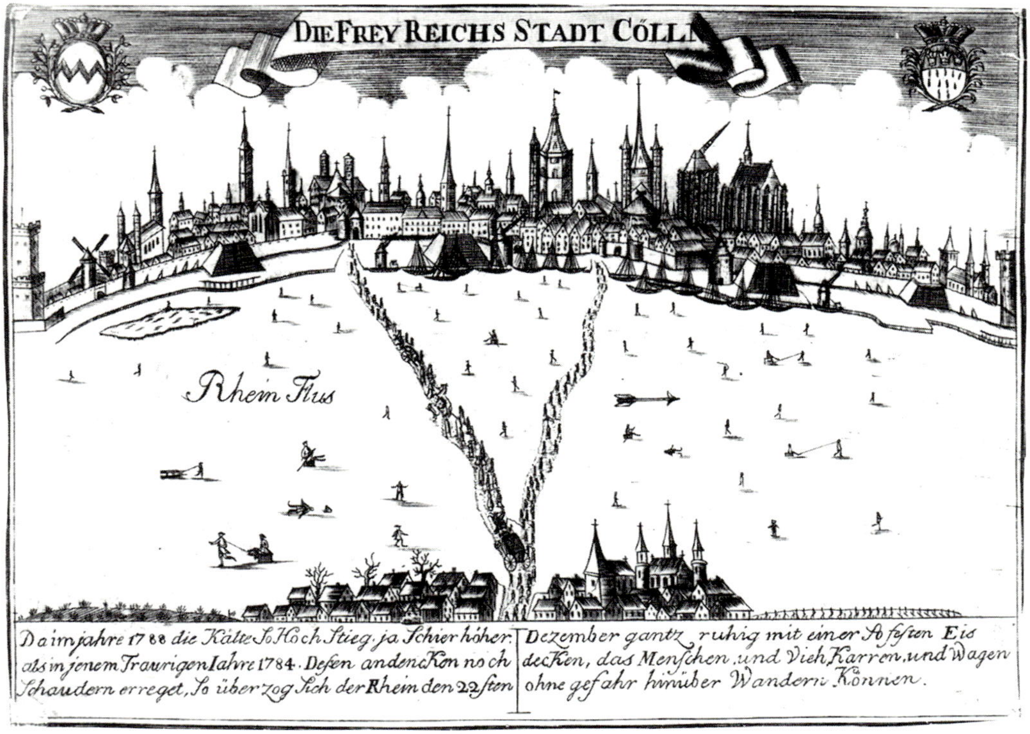

Der gefrorene Rhein »diente vielen zur Lust«: besonders beliebt waren Schlittenfahrten. (Kupferstich von 1788)

Neben der wirtschaftlichen und politischen Bedeutung bestimmte der Rhein auch den Alltag der Kölnerinnen. Frauen wuschen dort ihre Wäsche, fuhren als Händlerinnen in andere Rheinstädte oder ernährten sich und ihre Angehörigen illegal als Schmugglerinnen. Als Besitzerinnen von Wassermühlen auf dem Rhein erlebten sie manch bange Stunde, wenn ihr Eigentum von Hochwasser oder Eisgang bedroht war. Angsteinflößend war der Fluß in der Frühen Neuzeit für Kindsmörderinnen. Frauen mußten damit rechnen, im Rhein ertränkt zu werden, wenn Not und Verzweiflung sie dazu getrieben hatten, ihr Kind umzubringen. Darüber hinaus vollzogen Frauen ihre Rituale im Rhein und entdeckten ihn als Reiseweg. Seit Beginn des zwanzigsten Jahrhunderts nutzten die Kölnerinnen den Fluß zum Baden und Schwimmen.

Am Ende dieses Jahrtausends schließlich machten sich zwei Forscherinnen auf den Weg ans Rheinufer, um die Spuren ihrer Vorfahrinnen neu zu entdecken. Im Mai 1998 hieß es »Leinen los!« für die frauengeschichtliche Rheinrundfahrt des Kölner Frauengeschichtsvereins. Die »Colonia 5« fährt seitdem von der Hohenzollernbrücke bis zu den idyllischen Ufern bei Weiß, dreht dann nach Norden und fährt bis Niehl, um schließlich zur Anlegestelle zurückzukehren. Bildung und Erholung, Kultur, Kaffee und Kölsch verbinden wir hier miteinander.

Zu dieser Schiffahrt möchten wir Sie mit unserem Buch einladen. Für die Fahrt und für dieses Buch haben wir das vorhandene Wissen über Frauen und den Rhein zusammengetragen und Neues ausgegraben. Wir haben Zeitzeuginnen befragt, Fotoalben gewälzt, uralte Sagen und Geschichten neu gelesen und sind in die Quellen der Archive eingetaucht.

Über den Rhein und seine wirtschaftliche, politische und mythologische Bedeutung sind schon viele Bücher geschrieben worden. Dabei dominierten die Begriffe »Vater Rhein«, »Deutscher Rhein«, »Schicksalsstrom« oder die Themen »Wein, Weib und Gesang«. In einer Flut romantisierender und nationalistischer Rheinbetrachtungen ging die Wirklichkeit über das Leben am Strom und mit dem Strom unter. Mit unserem Buch wollen wir das Alltagsleben der Frauen am Rhein greifbar machen sowie die guten und schlechten, die dramatischen und alltäglichen Seiten beleuchten.

Bedanken möchten wir uns bei den Kolleginnen des Kölner Frauengeschichtsvereins für die Organisation der Rheinfahrt und bei allen, die zum Entstehen des Buches beigetragen haben: den Zeitzeuginnen Hilde Peltzer, Karin Scheuber, Charlotte Duhr und Juanita Perez, den Leihgebern von Fotos, Hermann-Josef Emons für das Titelbild, Michael Rasche für Fotoarbeiten und allen Frauen, die auf den Schiffsrundfahrten Interesse, Anregungen, Kritik und Lob äußerten. Unser besonderer Dank gilt den Kolleginnen des Kölner Frauengeschichtsvereins, die uns mit Rat und Tat zur Seite standen: Dr. Katrin Dördelmann, Irene Franken, Dr. Ingrid Ahrendt-Schulte, Annette Nottelmann und Monika Heiligtag.

Köln im Sommer 1999
Katharina Regenbrecht, Bettina Bab

Gute Göttinnen – böse Hexen

Wasser gilt als erstes Element, als Mutter aller Dinge. Es ist sowohl Ursprung als auch Voraussetzung allen Lebens. Doch es schenkt nicht nur Leben, es bedroht und zerstört dieses auch. Wasser wurde in alten Kulturen geehrt und spielte bei religiösen Ritualen eine wichtige Rolle. So war es in der germanischen Welt üblich, Neugeborene mit Wasser zu »heiligen«. Auch der Rhein galt als heilender und heiliger Fluß, in dem sich Wunder ereignet haben sollen. Der Legende nach verlieh der Himmel ihm übernatürliche Kräfte.

Frauen wurde eine besondere Verbindung zum Wasser nachgesagt. Nach altem germanischen Glauben besaßen manche die Gabe der Weissagung: Sie konnten aus dem Wasser die Zukunft lesen. Auch Caesar berichtete von germanischen Wahrsagerinnen, die die Wirbel des Rheins beobachteten und aufgrund der Strömungen und dem Getöse weissagten.

Verehrung der Wasser- und Wettergöttin

In den ältesten europäischen Kulturen sind Wassergottheiten meist weibliche Wesen. Aus einer »Großen Muttergöttin« sind verschiedene Göttinnen mit jeweils unterschiedlichen Funktionen hervorgegangen. Dabei steht die Unterscheidung von Fruchtbarkeits- und Todesgöttin sicher am Anfang. Im germanischen Kulturkreis scheint die Göttin Hulda – auch als Frau Holla, Holt oder Holl bekannt – als Fruchtbarkeitsgöttin eine wichtige Stellung eingenommen zu haben. Sie wird besonders in Hessen, Thüringen, Teilen des Rheinlandes und Niedersachsens verehrt, in Süddeutschland ist sie als Berchta anzutreffen. Sie vereinigt in sich Kräfte des Himmels, der Erde und des Wassers. In Volkssagen gilt sie als freundliche, milde und hilfreiche Göttin – nur in Ausnahmefällen zürnt sie.

Ihr Reich liegt jenseits des Wassers. Sie ist die schöne weiße Frau, die mittags in den Fluten badet und dann wieder verschwindet. Heiligtümer am Wasser zeugen von ihrer hohen Stellung als Mutter allen Lebens. Zu ihr als Wasserfrau kehren aber auch die Toten heim. Im alten Volksglauben heißt es, daß die verstorbenen Kinder zu ihr zurückkehren.

Hulda ist eine gütige Göttin: Die Seelen der Kinder sind nicht verloren, sondern können durch sie wiedergeboren werden.

Hulda steht nicht nur für menschliche Fortpflanzung, sondern auch für die Fruchtbarkeit des Landes. In ihrem Wesen werden die kosmischen Apekte des göttlichen Seins sichtbar – sie ist auch Wettermacherin. Im Grimmschen Märchen hat Frau Holle die Fähigkeit, es auf der Erde schneien zu lassen. Die wettermachende Göttin erscheint in der Vorstellung der Menschen auch selbst als Wetterwesen. Sie löst Regen aus und ist zugleich die Regenwolke, macht Hagel und braust als Windfrau durch die Lüfte. Zusätzlich kann sie auch die Sonne und lodernde Hitze verkörpern.

In alten Legenden werden der Göttin Hulda verschiedene Gestalten zugeschrieben. In einem Wagen fährt sie durch das Land, um Fruchtbarkeit zu bringen. Da ihr jährlicher Umzug um Weihnachten liegt, soll in manchen Gegenden zu dieser Zeit nicht gearbeitet werden. Neben der freundlichen Göttin ist aber auch die Vorstellung einer häßlichen, alten Hulda mit struppigen Haaren bekannt, die schreckenerregend in Begleitung eines wütenden Heeres von »Hexen« durch die Lüfte fährt. An diesem Punkt verkehrt sich das Bild der milden Göttin ins Gegenteil. Einer christlichen Variante des Volksglaubens zufolge werden die Seelen der ungetauften Kinder in dieses Heer aufgenommen. Sie bleiben für immer heidnisch – Hulda wird hier die Fähigkeit zur Wiedergeburt abgesprochen.

Frauen in der Tradition der Göttin

Im Zuge der Christianisierung kam es zu einer Vermännlichung der weiblichen Gottheiten. Als Beispiele seien Dana, die vorkeltische Erdmutter, und Jörd, die vorgermanische Erdmutter, erwähnt:

Sie wurden zu Don und Njörd vermännlicht. Die Folge war, daß die Verehrung von Göttinnen immer mehr zu einer familiären Angelegenheit wurde. Es waren vor allem Frauen, die einen kultischen Bezug zu den Göttinnen aufrechterhielten. Der Kontakt zu den häuslichen Geistern oder Göttinnen, die in den Alltag einbezogen waren, lag weiterhin in ihrer Hand.

Allmählich verblaßte der Glaube an die Kraft der Göttinnen, christliche und heidnische Rituale vermischten sich. Überliefert ist ein Brauch, der bezeugt, daß weibliche Wesen bestimmte Aufgaben der Göttin übernehmen konnten. Burckhard von Worms berichtete im elften Jahrhundert über die in Hessen und wahrscheinlich auch am Rhein verbreitete Praxis des Regenmachens: Ein junges entkleidetes Mädchen riß mit dem kleinen Finger der rechten Hand Bilsenkraut aus und band es an die kleine Zehe des rechten Fußes; eine Gruppe von Jungfrauen führte es daraufhin feierlich zum nächsten Fluß und besprengte es mit Wasser. Begleitet wurde dieses Ritual von magischen Gesängen.

Fruchtbarkeits- und Regenzauber hatten in ländlichen Gegenden Tradition. Bis in das Spätmittelalter hinein war der Glaube verbreitet, daß Frauen Wetter »machen« könnten. Auch Theologen und Gelehrte, wie der in Köln lehrende Thomas von Aquin, waren dieser Ansicht. Er unterschied allerdings zwischen der vollkommenen Beherrschung der Witterung, die nur Gott gelinge, und künstlicher Witterung, die die Frauen zu Wege brächten. Mit dieser Unterscheidung legte er den Grundstein für die negative Zuschreibung der Wettermacherinnen als Unheilbringerinnen und war so, neben vielen anderen, einer der geistigen Wegbereiter der Hexenverfolgung.

Während Frauen jahrhundertelang die Kraft zugetraut wurde, den nötigen Regen zu bestellen, trat seit dem fünfzehnten Jahrhundert ein Wandel ein – gleichzeitig mit der »Verteufelung« von Zauberinnen, die es in der Vorstellung der Menschen schon vorher gegeben hatte. Wetterzauber im Sinne von Schadensstiftung wurde eines der Delikte, die angeblich eine Hexe kennzeichneten. Magiekundigen Frauen wurde jetzt vorgeworfen, durch Wetterzauber die Ernte vernichtet und Hunger über das Land gebracht zu haben. In Köln spielte dieser Aspekt bei der Hexenverfolgung allerdings nur eine geringe Rolle, überliefert ist lediglich ein recht früher Fall: 1456 wurden zwei Frauen als Hexen verbrannt, weil sie mit Hilfe des Teufels Unwetter gebraut hätten. Doch in Süddeutschland und den

Alpenländern – speziell in Gegenden mit Obst- und Weinanbau – wurden Frauen immer häufiger für die zerstörenden Folgen von Hagel, Gewitter und Sturm verantwortlich gemacht.

In der Frühen Neuzeit wurden weibliche Kräfte vielfach mit Naturgewalten gleichgesetzt; beide sollten beherrscht und gebändigt werden. Die Hexenverfolgung benutzte Naturerscheinungen, um die elementare Kraft von Frauen zu unterdrücken.

Bei der Wasserprobe waren die Frauen dem Wasser hilflos ausgeliefert. (Abbildung aus dem 16. Jahrhundert)

Die Zukunft aus der Strömung von Flüssen zu deuten, galt nun als heidnischer Aberglaube. Statt dessen wurden Wasserorakel als Gottesurteile im Hexenprozeß eingesetzt: Als Hexen verdächtigte Frauen mußten in vielen Orten eine Wasserprobe über sich ergehen lassen, bei der sie gefesselt ins Wasser geworfen wurden. Wenn sie oben schwammen, wenn das Wasser sie also als »Unreine« nicht annehmen wollte, waren sie als »Hexen« überführt und wurden hingerichtet; ertranken sie aber, hatten sie »Pech« gehabt, doch ihre Unschuld war »bewiesen«.

Als Gegenbild zur Hexe inthronisierte die Kirche die Gottesmutter Maria. Sie trat als Königin des Himmels an die Stelle der vorchristlichen Muttergöttinnen und ersetzte vielfach auch die vormaligen Meeres- und Wassergöttinnen (vgl. Kinderbrunnen von St. Kunibert). Magische Kräfte von Frauen und geheimes Wissen über die menschliche Fruchtbarkeit wurden in der Frühen Neuzeit mit der zunehmenden Verbreitung der Wissenschaften zurückgedrängt. Es setzte sich das Ideal eines entpersönlichten und entsexualisierten Frauenbildes wie Maria durch. Frauen hatten den Zugriff auf die Naturelemente verloren.

Rituelle Reinigungen im Rhein

Ritual zur Sommersonnenwende

Der Rhein hatte bis zum späten Mittelalter eine spirituelle Bedeutung für die Kölnerinnen. Er war gleichzeitig Schauplatz der Erneuerung und Reinigung. Darüber berichtete der Frühhumanist Francesco Petrarca, der im Jahre 1333 Köln besuchte. Erstaunt war er über die »feine städtische Bildung in diesem Barbarenland«, über die Würde der Männer und die Anmut der Frauen. Er kam am Vorabend des Johannistages, am 23. Juni, in Köln an und begab sich – auf Zureden von Freunden – sogleich an den Rhein, um ein faszinierendes Ritual zu beobachten:

»Und ich sollte nicht enttäuscht werden! Das ganze Ufer war nämlich von einer wunderschönen riesigen Prozession von Frauen eingenommen. Wie war ich erstaunt! Gute Götter, welch eine Schönheit! Welch ein Anstand! Hier müßte sich jeder verlieben können, dessen Herz noch frei ist. Ich hatte mich zu einem etwas erhöhten Fleck aufgestellt, von dort auf das, was sich abspielte, zu schauen. Es war ein unglaublicher Zulauf ohne Gedränge. Manche waren mit duftenden Kräutern umwunden und hatten die Ärmel über die Ellenbogen zurückgestreift. So wuschen sie in fröhlichem Durcheinander die weißen Hände und Arme im reißenden Strom, und mit fremdländischen Murmellauten sagten sie dabei zueinander irgend etwas Reizendes.«

Auf die Frage, was dies bedeute, erhielt Petrarca die Antwort, daß es »ein uralter Volksglaube [sei], an dem vor allem die Frauen hingen, daß alles Unheil des kommenden Jahres durch ein Bad im Fluß an diesem Tage weggespült werde, danach werde dann alles glücklicher vonstatten gehen. Deshalb werde dieser Reinigungsritus jedes

Zur Sommersonnenwende spülten die Kölnerinnen mit überlieferten Bräuchen kommendes Unheil fort. (Fresko von Eduard von Steinle um 1860)

Jahr wieder mit derselben Begeisterung vollzogen«. (zitiert nach Schneider, S. 13f.) Petrarca beneidete Köln sicherlich nicht nur um seine schönen, anmutigen Frauen, sondern auch um diesen Brauch, künftiges Unglück im Rhein einfach wegzuspülen.

Zum Johannistag vollzieht sich die Sommersonnenwende, auf Kölsch »de Sonnkipp«. Gerade an diesem Tag wurde dem Rhein eine besondere Kraft zugesprochen. Im Kult der Sommersonnenwende wurde die »heilige Hochzeit« als Verbindung von Wasser und Erde nachgeahmt, das Mysterium von Leben und Sterben nachvollzogen. Die zentrale Bedeutung des Wassers zeigte sich bei zunehmender Hitze im Sommer – ein Gedanke, der sich auch in anderen Fruchtbarkeitsriten und Johannisbräuchen wiederfindet. Überlieferungen zufolge gab es einen solchen Brauch nicht nur in Köln, auch anderenorts badeten Frauen in Flüssen und nahmen eine aus Zweigen und Kräutern gebastelte Puppe mit. Die Puppe – oder sich selbst – begossen sie mit Wasser und stellten damit symbolisch die Verbindung von Wasser und Erde dar.

Die Menschen versuchten, mit Hilfe dieser Riten die Naturabläufe zu beeinflussen. Göttliche Kräfte sollten durch Gebete, Anrufungen und heilige Handlungen gnädig gestimmt werden. Seit Alters her zelebrierten sie am Johannistag Wasser- oder Feuerrituale. Die Reinigung im Rhein erinnert sehr an eine Taufzeremonie. So ist es gewiß kein Zufall, daß das Fest von Johannes dem Täufer auf den Tag gelegt wurde, an dem Frauen in traditionellen Kulten eine Art Taufakt vornahmen.

Jüdischer Kult in der Mikwe

Rituelle Reinigungen gab es im mittelalterlichen Köln und Deutz auch im Judentum bei religiös begründeten Bädern in der »Mikwe«. Wörtlich übersetzt bedeutet Mikwe »Ansammlung von fließendem Wasser«, sie sollte demnach mit Grund- oder Quellwasser – mit sogenanntem lebendigen Wasser – gefüllt sein. Im Kölner Judenviertel wurde um 1170 eine Mikwe vornehmlich für Frauen erbaut; sie ist heute noch vor dem alten Rathaus, unter einem Pyramidendach aus Glas, zu sehen.

Bei drei Gelegenheiten mußten sich Jüdinnen in der Mikwe reinigen: vor der Hochzeit, nach einer Geburt und nach jeder Menstruation.

Bei dem reinigenden Tauchbad in der Mikwe, dem eine gründliche Säuberung des Körpers in einem anderen Bad vorausging, sollte rituelle Unreinheit in Reinheit verwandelt werden. Durch die rituelle Waschung sollte das Eheleben sittlich und religiös geheiligt werden. Nach jüdischen Vorschriften wurde das gemeinsame Leben von Frau und Mann durch Menstruation oder Geburt aufgehoben und konnte erst dann wieder aufgenommen werden, wenn durch das Untertauchen im Bad der gereinigte Zustand wiederhergestellt war.

Dieses Bad kam einer gottesdienstähnlichen Handlung gleich. Da es der Weihe diente, waren bestimmte zeremonielle Regeln vorgeschrieben: Die Frauen mußten mit ausgebreiteten Armen und offenen Haaren ihren ganzen Körper ins Wasser tauchen. Als neue Menschen

kamen sie aus dem Wasser wieder empor. Das Untertauchen des Körpers ist eine in der ganzen Welt verbreitete symbolische Handlung der Auflösung und der Wiederbelebung bzw. der Wiedergeburt.

Reinigungsvorschriften für Jüdinnen haben sich bis ins zwanzigste Jahrhundert erhalten. Ursprünglich nahmen sowohl Frauen als auch Männer nach der körperlichen Reinigung ein rituelles Tauchbad, das sie Gott näherbringen sollte. Sicher waren patriarchale Vorstellungen von der Unreinheit des Frauenkörpers ausschlaggebend dafür, daß diese Regeln im Laufe der Jahrhunderte für jüdische Männer nicht mehr galten und nur noch Frauen mit dem Makel des Körperlichen behaftet blieben.

»Vater Rhein«, Wasserfrauen, Rheintöchter und die Loreley

Eine Sage, die sich die Menschen im Kölner Stadtteil Rodenkirchen erzählen, berichtet davon, wie die Sandstrände dort entstanden sind: Ein junges Mädchen, das zur Waise geworden war, ging einsam und traurig in Rodenkirchen am Rheinstrom entlang und vertraute dem Fluß seine Sorgen an. Da trat plötzlich eine schöne Frau aus dem Rhein, nahm es bei der Hand und führte das Mädchen hinab auf den Grund des Stromes. Dort unten saßen schon viele andere Mädchen, die die gelben Lichtstrahlen im sonnendurchfluteten Wasser durch ein Sieb fallen ließen, so daß sich daraus feiner Sand bildete. Das Mädchen gesellte sich zu den anderen. Nach einiger Zeit bekam es jedoch Heimweh nach den Menschen und nach Rodenkirchen. Wieder kam die schöne Frau zu ihm und gemeinsam bedeckten sie den Boden des Rheins vor Rodenkirchen mit Sand, wo er bis heute noch liegt. Dann brachte die Frau das Mädchen zurück auf die Erde. Als Abschiedsgeschenk überreichte sie ihm eine Hand voll Sand, aus dem reines Gold wurde. (Wirtz, S. 12f.)

In dieser Sage bringt das Wasser sowohl Tod als auch Leben, die Möglichkeit zum Selbstmord wie zur Wiedergeburt. Bemerkenswert ist, daß eine Frau den Rhein vor Rodenkirchen bewohnt. Während fast alle anderen Flüsse in Deutschland weiblich sind, ist dieser Strom als »Vater Rhein« bekannt und berühmt geworden. Den männlichen Artikel erhielt er von den Römern. Die antiken Kolonisatoren verehrten den Rhein als Flußgott »Rhenus«. Im neunzehnten Jahrhundert wurde der Strom als Synonym für ein vereintes und freies Vaterland zum »Deutschen Vater Rhein« stilisiert und patriotisch gefeiert. Nach dem Sieg der Deutschen über die Franzosen und der Gründung des Kaiserreiches 1871 bedurfte es nicht mehr länger der starken Vaterfigur. Der Rhein wurde zum »Väterchen« mitsamt der bekannten Trink- und Schunkellieder.

Doch trotz seines grammatischen Geschlechtes und der nationalistischen Vereinnahmung stand der Rhein in enger Beziehung zum weiblichen Element. Zahlreiche Sagen, Geschichten und Legenden rund um das Wasser und den Rhein entstanden im Laufe der Zeit. Sie handelten vielfach von Göttinnen und Wasserfrauen und spiegeln die große Bedeutung des Wassers für die Menschen wider.

Bekannt sind die Nymphen, junge Frauen, halbgöttliche Wesen, die eine enge Beziehung zum lebens- und fruchtbarkeitsspendenden Wasser haben. Weiterhin tauchen Nixen mit weiblichem Oberkörper und einem Fischunterleib auf. Sie haben verführerisch lange Haare und wirken wie die Meerfräulein und Seejungfern freundlich und bezaubernd. Sirenen, Wasserhexen, Regenfrauen, Brunnenweiber und Wassermuhmen, die in Flüssen, Seen, Brunnen oder im Meer leben, haben oft eine ambivalentere Ausstrahlung. Sie befinden sich an der Grenze zwischen der diesseitigen und der jenseitigen Welt, ihr Anblick schockt und verlockt zugleich dazu, ihnen in ihr Reich zu folgen. Geschichten über diese Wasserfrauen erfanden und erzählten Menschen oft in persönlichen oder gesellschaftlichen Krisen- und Umbruchzeiten. Die Frauengestalten gaben ihnen Möglichkeiten, Ängste greifbar zu machen oder Hoffnungen zu entwickeln.

Die verschiedenen Wasserfrauen vereinen als Wassergeister den lebensspendenden mit dem todbringenden Aspekt des Wassers. Die Menschen riefen sie um Hilfe an und mußten sich gleichzeitig vor ihnen schützen. So war es einerseits üblich, daß Schiffer in vorchristlicher Zeit dem Wasser ein Tier opferten, um sich vor der Verfolgung durch Wasserfrauen zu schützen, andererseits erbaten die Schiffer von der germanischen Göttin Nehalenia Beistand für ihr Gewerbe.

Die Rheintöchter Wellgunde, Woglinde und Flosshilde bewachen den Goldschatz im Rhein.

Die wohl berühmtesten Frauengestalten im und am Rhein sind die Rheintöchter und die Loreley. Die Rheintöchter sind Nixen mit den wohlklingenden Namen Woglinde, Wellgunde und Flosshilde. Ursprünglich sind es Schicksalsgöttinnen, die die Toten in das Totenreich begleiten und an diesem Ort über sie wachen. Als mächtige Frauen hatten sie eine weitere wichtige Aufgabe: In der Nibelungensage bewachen sie das im Rhein versunkene Gold. Populär machte sie im neunzehnten Jahrhundert Richard Wagners Oper »Götterdämmerung«, in der sie sich aus Dummheit den Schatz stehlen lassen. Franz Liszt urteilte über sie: »Eitel und töricht, polternd und muthwillig, verscherzen diese Thörinnen einen Schatz (...)«. Immerhin haben sie in der Oper noch so viel Macht, den Dieb wirksam zu verfluchen und das Gold zurückzuerobern.

Wagners patriarchal geprägte Ausformung der Sage setzt die Nixen mit dem unberechenbaren Element des Ewig-Weiblichen gleich, das erobert und gezähmt werden muß. Der Goldschatz, interpretiert als die weibliche Sexualität, symbolisiert die Macht der Frauen und stellt eine Herausforderung für den »Geist des Mannes« dar.

Ein Stück rheinaufwärts, bei St. Goarshausen, dort, wo es so schön romantisch ist, sitzt vorgeblich die Loreley auf einem Felsen, kämmt sich ihr Haar und reißt die Männer ins Unglück. Der Loreley-Mythos und der Rheinstrom sind seit dem neunzehnten Jahrhundert unzertrennlich miteinander verwoben. Eine schöne Frau mit langen blonden Haaren und einer wundersamen Stimme singt so bezaubernd, daß die Schiffer fasziniert zu ihr aufschauen und die Strudel des Flusses vergessen, so daß ihre Schiffe versinken. Entgegen der weitläufigen Meinung handelt es sich nicht um eine alte Volkssage, sondern um eine Kunstsage des Schriftstellers Clemens Brentano, der um 1800 den Roman »Godwi oder das steinerne Bild der Mutter« schrieb. Er personifizierte den alten Namen des Felsens Lurley und erfand die unglücklich liebende Zauberin Loreley – eine unverstandene Schöne, die an ihrer Liebe zerbricht. In den später veröffentlichten »Rheinmärchen« stellt Brentano die Loreley als Tochter der »Frau Wasser« dar. Sie gleicht einer Fee, die verderblich handelt, wenn sie jemand erzürnt, aber gütig gegenüber den Rechtschaffenen ist.

In der Vertonung von Friedrich Silcher wurde das Lied über die »Goldgelockte« zum Volksgut. Seine endgültige Ausprägung erhielt der Mythos durch Heinrich Heine mit den bekannten Anfangszeilen des Gedichtes »Ich weiß nicht, was soll es bedeuten, daß ich so traurig bin«. Im Laufe des neunzehnten Jahrhunderts entwickelte sie sich von einer Spukgestalt zur Femme fatale. Als diese ist sie bestrebt, die Männer ins Verderben, in die Tiefen des Rheins zu ziehen, gemeint sind die Untiefen der sexuellen Lust und des Vergessens der Rationalität. Vom ursprünglichen

Loreley wurde zum Bild der magischen Schönen, in deren Liedern sich Liebe und Tod vereinen.

Loreley – berühmt und berüchtigt (Ölgemälde von Eduard von Steinle, 1864)

Sinnbild leidvoller Liebe blieb nichts übrig. Als männermordenden Sirene wurde ihr die Schuld an den Schiffsunglücken zugeschoben.

Bildlich wurde das Motiv der Rheinblondine in zwei verschiedenen Ausprägungen aufgespalten: Als blondgelockte, dürftig bekleidete Schönheit verkörperte sie die weibliche Verführung. Im Gegenzug bildete sich eine deutsche »Germania« als nationale Symbolfigur heraus und wurde zur Allegorie der »Wacht am Rhein« stilisiert. Während Loreley einerseits zunehmend als Objekt der Begierde pornographisch vermarktet wurde, stellten Autoren und Zeichner sie andererseits auf dem hohen, kahlen Felsen und in Bezug zum reinigenden Wasser als Ikone der Jungfräulichkeit dar.

Die Gestalt der Loreley inspirierte Künstlerinnen und Künstler zu Gemälden, Gedichten und Opern. Auch in der Filmwelt finden wir die Figur später wieder, so spielte Marilyn Monroe 1952 in dem Film »Blondinen bevorzugt« eine verführerische Blondine mit dem amerikanisierten Namen Lorlei Lee.

Der Kinderbrunnen von St. Kunibert: Ein altes Fruchtbarkeitsheiligtum

Pütz ist die kölsche Bezeichnung für Brunnen. Der Kunibertspütz ist seit vielen Jahrhunderten in und um Köln herum bekannt. Er war ein begehrtes Ausflugsziel, eine Art Pilgerstätte für kinderlose Frauen. Bei jungen Kölnerinnen war es Brauch, aus dem Brunnen zu trinken, um schwanger zu werden.

Nach der Stadterweiterung von 1106 grenzte die Stadtmauer im Norden an St. Kunibert. Der Brunnen lag innerhalb der Stiftsmauern von St. Kunibert nahe am Rheinufer und wurde vom Grundwasser, also vom Rhein, gespeist. Er war frei zugänglich und diente als öffentliche Wasserstelle. Alte Legenden erzählen davon, daß er eine Quelle der Fruchtbarkeit sei. Dort säßen die Säuglinge um die Mutter Gottes herum, die ihnen Brei gebe und mit ihnen spiele.

Und so brachte nach kölschem Volksglauben nicht der Klapperstorch die Babys, sondern die Mütter holten ihre Kinder im Kunibertspütz ab.

Kinderbrunnen sind aus verschiedenen Städten bekannt. Wahrscheinlich gehen Legende und Brauch auf ein altes Fruchtbarkeitsheiligtum aus der vorchristlichen Zeit zurück. Sein Ursprung weist auf die germanische Götterwelt: Danach wohnte im Himmelsbrunnen in den Wolken die germanische Göttin Hulda, die uns im Märchen von Frau Holle wiederbegegnet. Der Zugang zu ihrem Reich führte über Brunnen oder Teiche. Unter ihnen öffnete sich ein blühender Garten, in dem Hulda die ungeborenen Kinder hütete, bis sie von der Hebamme aus dem Wasser geholt wurden. Sie wurde als Göttin der Geburten und Helferin der Gebärenden verehrt.

Wasser spielte im Glauben und Kult der vorchristlichen Menschen eine große Rolle: Wasser als Sitz oder Zugang zu Gottheiten, als Urschoß des Lebens, Wasser als befruchtende Lebenskraft und als mütterliche Lebensspenderin. Sowohl GermanInnen als auch RömerInnen verehrten Quellen und Brunnen als heilige Weihestätten. Die Quellgeister, denen Opfergaben dargebracht wurden, waren vorwiegend weibliche Wesen. Auch die Quellen selbst wurden im Altertum als weiblich angesehen, sie symbolisierten Schwangerschaft und Geburt zugleich, wie es in der Redewendung »Eine Quelle entspringt dem Mutterschoß der Erde« zum Ausdruck kommt. So verwundert es nicht, daß von manchen Flüssen behauptet wurde, sie könnten Frauen von Sterilität heilen oder Fehlgeburten verhindern. Ein ähnlicher Gedanke ist im Märchen von Frau Holle zu finden: Als Mädchen springt Marie in den Brunnen, um die verlorengegangene Spindel zu suchen, als Frau in gebärfähigem Alter kehrt sie an die Erdoberfläche zurück.

Die Fruchtbarkeit von Quellwassern wurde mit der Fruchtbarkeit von Frauen gleichgesetzt. Einem alten deutschen Brauch zufolge mußte eine Wöchnerin, wenn sie zum ersten Mal zum Brunnen ging, ein Geldstück hineinwerfen, anderenfalls wurde befürchtet, daß er versiegte.

Seit der Christianisierung traten an die Stelle der Quellgöttinnen oft weibliche Heilige, in den meisten Fällen ist es die Gottesmutter Maria. Unter ihrem weiten Sternenmantel fanden die germanischen Geburts,- Todes- und Vegetationsgöttinnen Platz. Im fünften/sechsten Jahrhundert stellten kirchliche Synodalbeschlüsse die heidnische Quellenverehrung unter Strafe. Heidnische Kultstätten wurden daraufhin in vielen Fällen in die christliche Heiligenverehrung integriert. Missionare errichteten häufig Kirchen auf den Kultstätten früherer Religionen, einerseits um deren Verehrung zu unterbinden, andererseits um die alten, tief im Menschen verwurzelten Bräuche in neuem Gewand zu übernehmen und die Aura des Ortes zu nutzen. Die Baustätte von St. Kunibert war vermutlich auch ein ehemaliger Kultort, denn der Brunnen ist weitaus älter als der Gründungsbau der Kirche aus dem siebten Jahrhundert, den der Bischof Kunibert errichten ließ.

In der heutigen Krypta von St. Kunibert ist der Brunnen noch zu finden, der in einem siebzehn Meter hohen Schacht zum Chorraum

Spielende Kinder vor der Apsis der St.-Kunibert-Kirche, in der sich der Kinderbrunnen befindet. (1950er Jahre)

fortgeführt ist. Als 1880 die Stadtmauer abgerissen wurde, blieb er lange Zeit verschüttet, erst 1934 wurde er wieder freigelegt. In dieser Zeit waren wahrscheinlich keine »Wallfahrten« zum Pütz möglich. Dennoch scheint der alte Glauben nicht verlorengegangen zu sein: Auch heute noch soll es Frauen oder Paare mit Kinderwunsch geben, die zu St. Kunibert gehen, um aus der Kraft des Brunnens zu schöpfen. Die Tradition eines heidnischen Wasserheiligtums am Rheinufer lebt somit fort und mit ihr die Erinnerung an die lebensspendenden Kräfte des Wassers.

»Das Reisen ist des Weibes Lust.« Ein Ausflug in die Geschichte des Reisens am Rhein

Römerinnen, Kaiserinnen und Heilige

In der Antike siedelten im Kölner Raum verschiedene keltisch-germanische Stämme. Im ersten Jahrhundert v. Chr. kamen die Römer als Eroberer an den Rhein, befestigten das linke Rheinufer als Grenze gegen Germanien und legten das spätere Köln als Heerlager an. Dem Rheinland konnten sie offensichtlich keinen größeren Reiz abgewinnen. Die römische Dichtung spricht vom kalten Rhein, vom rauhen Germanien, vom ständigen Regen, von den gräßlichen Sümpfen. Immerhin gestand Caesar der in der Nähe des heutigen Köln lebenden ubischen Bevölkerung zu, »etwas kultivierter« als die Menschen im übrigen Germanien zu sein.

Die Römer benutzten den Rhein als Verkehrsweg. Es waren zunächst Soldaten, die in großen Scharen kamen, doch während der vier- bis fünfhundertjährigen Besatzungszeit kamen mit den römischen Statthaltern und anderen Verwaltern auch römische Frauen, wie auf einigen Grabsteinen und religiösen Weihesteinen festzustellen ist.

Die bekannteste Römerin Kölns ist Agrippina, Ehefrau von Kaiser Claudius und Stadtmitgründerin, die um 15/16 n. Chr. in Köln geboren wurde. Schon ihre Mutter war von Rom an den Rhein gekommen. Zeugnisse von unbekannten reisenden Frauen aus vergangenen Jahrhunderten sind kaum überliefert. Wir wissen vor allem von Fahrten berühmter Frauen.

Eine mächtige Frau, die erwiesenermaßen auf dem Rhein reiste, war die Heilige Helena (ca. 250-330 n. Chr.), Gefährtin des oströmischen Kaisers Constantius Chlorus und Mutter von Kaiser Konstantin d. Großen. Der Legende nach soll sie in mehreren Rheinstädten Kirchen gegründet haben, so in Köln St. Gereon, in Xanten St. Viktor und das Bonner Münster.

Ebenfalls im vierten Jahrhundert soll Kölns Schutzpatronin, die Heilige Ursula, unterwegs gewesen sein. Es gibt mehrere Versionen der Legende. In einer Fassung wird erzählt, daß die fromme und gebildete bretonische Königstochter Ursula ins Kloster gehen wollte. Unter Androhung von Krieg verlangte der britannische König von ihr, seinen Sohn zu heiraten. Um Zeit zu gewinnen, ersann Ursula eine List und forderte, zunächst eine Pilgerfahrt unternehmen zu können. Sie nahm 10.999 andere Jungfrauen mit, »dass ich drei Jahr Kurzweil mit ihnen hab«. (Mick, S. 177) Die große Frauenschar soll sogar Segel- und Ruderunterricht genommen haben. Der Weg führte die Reisegruppe auf dem Rhein auch nach Köln. Dort erschien der Heiligen Ursula im Traum ein Engel und forderte sie auf, nach Rom zu pilgern. Er teilte ihr mit, sie werde auf dem Rückweg in Köln das Martyrium erleiden. So geschah es auch. Zurück aus Rom kam die Gruppe wieder in Köln an, wo die Reise blutig endete: Ursula wies den von ihrer Schönheit angezogenen Hunnenkönig ab, der vor den Stadttoren lagerte. Daraufhin tötete er Ursula und mit ihr die ganze Reisegruppe. Bei Arbeiten an der Stadtbefestigung wurde um 1100 ein Gräberfeld entdeckt, die vermeintliche Ruhestätte von Ursula und ihren Jungfrauen. Die als Gebeine der Märtyrerinnen identifizierten Knochen waren weit über die Grenzen Kölns hinaus begehrte Reliquien. Für die KölnerInnen ein gutes Geschäft, denn so konnten sie die Knochen an Pilgerinnen und Pilger verkaufen.

Um 950 n. Chr. soll die Kaiserin Theophanu unmittelbar vor der Geburt eines Kindes an Köln vorbei rheinabwärts gesegelt sein. Die bekannte Mystikerin und Ärztin Hildegard von Bingen unternahm um 1165 im Alter von siebenundsechzig Jahren eine Predigtreise nach Köln. Sie kritisierte sowohl die Amtskirche als auch die kirchenkritischen Sektenbewegungen.

Beschwerlichkeiten des Reisens

Schiffsreisen waren in früheren Zeiten bei ruhigem Wetter sicherlich angenehmer als Landreisen in ungefederten Wagen auf holprigen Wegen. Lange Zeit reisten die Menschen jedoch nicht zum reinen Vergnügen. Seit dem zwölften Jahrhundert war der Rhein für handelsreisende Kaufleute ein wichtiger Verkehrsweg: Rheinaufwärts reisten sie zu anderen Handelsstädten nach Frankfurt, Straßburg und Basel und rheinabwärts nach Holland und England. Der Rhein war der Hauptverbindungsweg nach London, und auch der Italienhandel, der im fünfzehnten Jahrhundert expandierte, führte teilweise über den Rhein. Exportgüter waren Wein, Fisch und Tuche. Auch Kölnerinnen waren in diesen Branchen vertreten. Im Spätmittelalter waren die Kölner Frauenzünfte, allen voran die Seidmacherinnen, eine wichtige Wirtschaftskraft. Als Unternehmerinnen begaben sich die Frauen entweder selbst auf Handelsreisen oder beauftragten Mitarbeiter mit dieser Aufgabe.

Um 1700 herrschte reger Schiffsverkehr auf dem Rhein. (Kupferstich von Ruppenrecht)

Diese Reisen müssen beschwerlich gewesen sein. Die Verhältnisse auf dem Schiff waren sehr beengt, die Hygiene nach heutigen Vorstellungen sicherlich unzureichend. Die Fahrzeiten betrugen Tage oder Wochen. Bis zum Ende des achtzehnten Jahrhunderts mußten für die Strecke Köln-Mainz mit bergwärts getreideltem Schiff zwei bis drei Wochen veranschlagt werden. Der Ausdruck »treideln« bedeutete, daß Pferde am Ufer entlanggingen und die Schiffe gegen den Strom zogen. Voraussetzung war, daß ständig ausgeruhte Pferde zum Treideln zur Verfügung standen und der Treidelpfad in gutem Zustand war. Rheinabwärts mit der Strömung dauerte die gleiche Reise vier bis fünf Tage.

Der erste Abschnitt der langen Reise. AuswanderInnen auf dem Rhein. (Darstellung von H. Leutmann, Die Gartenlaube 1864)

Die Fahrten auf dem Rhein waren wetterabhängig und keineswegs immer ungefährlich. Drohte bei der Schneeschmelze Hochwasser, bestand die Gefahr, von der Strömung abgetrieben zu werden. War der Rhein zugefroren und taute wieder, trieben Eisschollen auf dem Fluß, die die Schiffe beschädigen konnten. Auch Sturm und Gewitter versetzten die Menschen in Angst und Schrecken. Elisabeth von Milow, die Ende des achtzehnten Jahrhunderts bei einer Fahrt auf der Elbe in einen Sturm geriet, berichtete von den Todesängsten, die sie ausstand. Ähnliches werden Reisende auf dem Rhein bei Unwettern empfunden haben, zumal damals kaum jemand schwimmen konnte.

Besonders betroffen von den Lasten des Reisens waren die AuswanderInnen, die auf dem Rhein bis nach Rotterdam fuhren, wo sie in die Überseeschiffe umstiegen. Im neunzehnten Jahrhundert buchten die MigrantInnen aus dem Rheinland ihre Schiffspassage meist in Köln, hier gab es seit 1854 sogar eine Auswanderungsagentur. Wenn der erste Teil der Fahrt auf dem Rhein noch vergleichsweise ruhig und harmlos verlief, so folgte doch eine beschwerliche wochenlange Reise mit dem ganzen Hausrat über den Ozean.

Rheinbegeisterte Frauen

In Deutschland herrschte im achtzehnten Jahrhundert noch eine eher sachliche Reisebeschreibung im Stil der Aufklärung vor. Ende des Jahrhunderts »entdeckte« dann die Romantik den Rhein. Die Rheinromantik bildete sich in England im Zusammenhang mit sentimentalen Reisebeschreibungen und Schauerromanen heraus. Ruinen, Friedhöfe, alte Burgen und Schloßtürme waren die bevorzugten Objekte, die Rheinreisende inmitten einer malerischen Landschaft suchten und fanden. Insofern gehörten Angehörige der englischen gebildeten Mittelschicht zu den ersten RheintouristInnen, unter ihnen auch Schriftstellerinnen und Schriftsteller. 1794 verfaßte Anne Radcliff, eine der bekanntesten Vertreterinnen des englischen Schauerromans, eine der frühesten Rheinreisebeschreibungen von Frauen: »A Journey Made in the Summer of 1794, through Holland and the Western Frontier of Germany with a Return down the Rhine«.

Im Laufe des neunzehnten Jahrhunderts ging die Rheinbegeisterung auch auf die Deutschen über; die Reisebeschreibungen wurden poetischer und mystischer, zum Teil wurden sie sogar erfunden. Die in gebildeten Kreisen mit dem Rhein verknüpfte Reiselust kommt in den Worten von Bettine Brentano deutlich zum Ausdruck: »Ich war eine ganze Stunde allein da und hab hinaus auf dem Rhein die Schiffe fahren sehen; da ist mir's doch recht sehnsüchtig geworden.« (von Arnim, S. 104) 1828 erschien der erste deutsche Reiseführer »Rheinreise von Mainz bis Köln. Handbuch für Schnellreisende« von Johann August Klein. Die darin enthaltenen Naturschilderungen stammen von seiner namenlos gebliebenen Ehefrau. Später wurde das Buch, von Baedecker überarbeitet, neu herausgegeben.

Annette von Droste-Hülshoff, 1797–1848.

Angenehmer wurde das Reisen zu Beginn des neunzehnten Jahrhunderts mit der Einführung von Schnellseglern oder sogenannten Wasserdiligencen, die als Postschiffe regelmäßig zwischen Köln und Mainz pendelten. Nun ließ sich die Fahrt bei gutem Wetter rheinaufwärts in drei, rheinabwärts in zwei Tagen bewältigen. Bei schlechtem Wetter dauerte sie einen Tag länger.

Seit den zwanziger Jahren des neunzehnten Jahrhunderts wurden Personendampfschiffe auf dem Rhein eingesetzt. 1825 berichtete die westfälische Dichterin Annette von Droste-Hülshoff in einem Brief an ihre Mutter vom Stapellauf des Dampfschiffes »Friedrich Wilhelm«: »(...) dann aber sahen wir es ganz nahe (...) durch die Schiffsbrücke segeln mit einer Schnelligkeit, die einen schwindeln machte. (...) Ein so großes Dampfschiff ist etwas höchst Imposantes, man kann wohl sagen, Fürchterliches. Es wird, wie Du wohl weißt, durch Räder fortbewegt, die, verbunden mit dem Geräusch des Schnellsegelns, ein solches Gezisch verursachten, daß es auf dem Schiff schwer halten muß, sich zu verstehen. Doch dieses ist nicht das eigentlich Ängstliche. Aber im Schiff steht eine hohe, dicke Säule, aus der unaufhörlich der Dampf herausströmt in einer grauen Rauchsäule mit ungeheurer Gewalt und einem Geräusch, wie das der Flamme bei einem brennenden Hause. (...) Kurz, das ganze gleicht einer Höllenmaschine, doch soll gar keine Gefahr dabei sein, und ich möchte diese schöne Gelegenheit wohl benutzen, um nach Koblenz zu kommen, was in fünf Stunden möglich sein soll.« (von Droste-Hülshoff, S. 74) 1827 hatten die beiden Kölner Dampfschiffe schon 33.352 Reisende befördert, die Hälfte der Passagiere kam aus England.

Ein »rasend schnelles Dampfschiff« um 1855 (Stadtansicht von Gerschein)

Frauen auf Vergnügungsreisen waren im neunzehnten Jahrhundert Pionierinnen. Sie mußten nicht nur geographische und kulturelle Grenzen überschreiten, sondern vor allem gesellschaftliche. Sie hatten Teil an der neuen Mobilität, die sich mit der Entwicklung des Transportwesens entfaltete, und das beeinflußte auch ihre Geisteshaltung.

Johanna Schopenhauer:

»Der Weg zu Lande von Bonn nach Köln, unerachtet der schönen Chaussee, auf welcher man in weniger als vier Stunden ihn zurücklegt, ist unbeschreiblich öde und langweilig, wir zogen daher, unerachtet des schlechten Wetters, zu unserem Weiterkommen das Dampfschiff vor; ich war nun schon mutig genug geworden, um erfahren zu wollen, wie man auch bei Regen und Sturm sich auf demselben befindet. Nachmittags gegen drei Uhr geht es von Bonn ab und langt zwischen sechs und sieben Uhr in Köln an.

Schwarze düstere Regenwolken hingen tief herab und ergossen sich von Zeit zu Zeit in unbarmherzigen Strömen. Der Sturmwind heulte, der zürnende Rhein jagte seine schäumenden Wellen übereinander her, auf dem Schiffe selbst aber herrschte die gewohnte Ruhe, und auch nicht das kleinste Schwanken desselben wurde bemerkbar.

Das böse Stündchen nach dem Mittagessen war eben eingetreten, während welchem man sich selten zu lebhafter Unterhaltung aufgelegt fühlt, und einige Langeweile schien die Oberhand gewonnen zu haben. Die Herren und Damen saßen an den Wänden und an den Tischen umher, einige schrieben, andere lasen, Bekannte flüsterten untereinander, einige Damen strickten und nähten, ein paar Männer hatten ein stilles Eckchen zum Nachmittagsschlaf gesucht und glücklich gefunden (...).

So verstrichen die Stunden auf bleiernen Flügeln langsam uns vorüber. Die Nachricht, daß Köln nahe vor uns läge, trieb mich hinaus auf das Verdeck, der Regen hatte aufgehört, ein freundlicher Sonnenblick erleuchtete die Stadt. Der wahrhaft imposante Anblick derselben übertraf bei weitem meine Erwartung, soviel ich auch früher von anderen davon gehört hatte. (...) Trübe wandte ich den Blick von der schmerzlich schönen Erscheinung [der Domruine, d. Verf.] ab, er fiel zufälligerweise auf die großen Schiffsmühlen dicht vor Köln; getäuscht durch die schnelle Bewegung, in welcher der Strom uns auf sie zuführte, kamen sie wie formlose kolossale Seeungeheuer mir vor, mit graulichen Flügeln, die halb rudernd, halb fliegend auf uns zu eilten, um uns zu empfangen oder auch in den Grund zu segeln. Jetzt landeten wir an der Brücke der Anblick der vielen Masten im Hafen, die vielen Nachen, die mit Obst, Gemüse und Lebensmitteln aller Art beladenen Marktschiffe, das rege, tätige Leben ringsumher erinnerte mich lebhaft an Hamburg, obgleich dieser Hafen am Rhein nur ein sehr kleines Miniaturbildchen jenes großen weltberühmten an der Elbe genannt werden darf.« (Ausflug nach Köln im Jahr 1828, S. 19f.)

Johanna Schopenhauer, 1766–1836, mutige Rheinreisende

Mit dem frühen Fremdenverkehr war ein Problem aufgetaucht, das sich in der Folgezeit noch verstärkte: die Umweltbelastung durch TouristInnen. Bettine Brentano, die über ihre Jugendjahre am Rhein und die zahlreichen lokalen Wallfahrten berichtete, bemerkte: »Ich hab' grad keinen empfindsamen Respekt vor der Natur, aber ich kann's doch nicht leiden, wenn sie so beschmutzt wird mit Papier und Wurstzipfel und zerbrochenen Tellern und Flaschen.« (Tümmers, S. 10)

Schon Mitte des neunzehnten Jahrhunderts setzte die Popularisierung und Trivialisierung der romantischen Rheinmotive ein. Lieder mit den Themen Rhein-Wein-Mägdelein verbreiteten sich. Rheinreisende waren oftmals enttäuscht, daß die romantischen Beschreibungen teilweise der Phantasie oder dem Weinkonsum der Autoren entsprungen schienen. Um den zurückgehenden Tourismus wieder zu beleben, wurden in den 1890er Jahren Verkehrsvereine gegründet und die touristische Infrastruktur ausgebaut. Der Rheintourismus entwickelte sich zum Ausflugsverkehr. Einen neuen Höhepunkt erreichte er in der NS-Zeit: In Anlehnung an traditionelle nationalistische Bilder wurde der Ausflug an den Rhein als »Wallfahrt zu den ewig strömenden Quellen des Volkstums« bezeichnet. Die Freizeitorganisation »Kraft durch Freude« (KdF) veranstaltete zum größten Teil Tagesausflüge, viele davon an den Rhein.

Heute ist die Bootsfahrt auf dem Rhein nicht mehr wegzudenken: Rundfahrten, Abendfahrten, Kreuzfahrten, Tagestouren u.v.m. stehen zur Auswahl, auch Feiern und Feten finden auf den Rheinbötchen statt.

Munterer Ausflug eines Müttervereins auf dem Rhein in den 1960er Jahren

Frauen schwimmen und rudern gegen den Strom. Frauensport auf dem Rhein

Die Anfänge des Frauensports

1995 waren 65.000 Frauen in achthundert Kölner Sportvereinen organisiert. Daneben bieten zahlreiche Bildungseinrichtungen Sportkurse für Frauen an, und die Fitness-Clubs für Damen boomen. Vor hundert Jahren wären solche Zahlen unvorstellbar gewesen. Frauen und Mädchen konnten damals nur begrenzt sogenannte »Leibesübungen« betreiben, denn Sport paßte nicht ins Bild der Frau. Für das weibliche Geschlecht waren – wenn überhaupt – »Geräte-, Ordnungs- und Freiübungen« vorgesehen. Hübscher Blumenschmuck im Haar und an der Kleidung, verzierte Reifen und Stäbe als Handgeräte sollten dabei ihre Weiblichkeit betonen. Die Übungen sollten der Gesundheit der Damenwelt und ihrem eigenen ästhetischen Empfinden dienen und den Männern einen erfreulichen Anblick bieten. In zahlreichen Abhandlungen versuchten Mediziner, Theologen und andere Wissenschaftler zu beweisen, daß Sport die Frauen vermännliche, ihre Gebärfähigkeit einschränke und Sitte und Moral bedrohe. Über die gesundheitlichen Folgen der im wahrsten Sinne

Postkarte (um 1912)

atemberaubenden und fesselnden Korsettschnürung, die zu jener Zeit Mode war, oder der körperlichen Schwerstarbeit von Arbeiterinnen und Bäuerinnen, scheinen sich die Herren dagegen keine Sorgen gemacht zu haben.

Zwischen Turnen und Sport wurde streng unterschieden. Der Gedanke des Sports, entwickelt in England, sollte Menschen motivieren, nach Leistung zu streben und sich im Wettkampf miteinander zu messen. Turnen war von »Turnvater« Friedrich Ludwig Jahn (1778-1852) explizit mit dem Ziel, Jungen wehrtüchtig zu machen, konzipiert. Turnen für Mädchen lehnte Jahn nicht prinzipiell ab, er widmete ihm aber kaum Aufmerksamkeit. Für Notfallsituationen gestand er den Frauen zu, das Schiessen zu erlernen. Dabei dachte er nicht etwa an Bedrohung durch gewalttätige Männer. Hintergrund seines Gedankens war allein der Haß auf die Franzosen: Falls eine deutsche Frau in die Hände des Feindes falle, sollte sie gewappnet sein.

»Nicht jede Leibesübung ist in gleicher Weise für die Frau geeignet. Trotz überwundenem Gretchenideals hat die Frau auch heute noch die Aufgabe, verkörperte Anmut und Schönheit zu sein. Sie darf daher nur einen Sport wählen, der es gestattet, die Kraftleistung mit weiblicher Anmut zu paaren, und dessen nachdrückliche Ausübung nicht zu derbmännlichen und daher unschönen Muskellinien führt. (...) Unter diesen Gesichtspunkten betrachtet ist das Schwimmen das Ideal eines Frauensportes. Damen, die mit aufrechter Kopfhaltung und kleidsamer Badekappe im Bruststil daherziehen, wirken auf der Schwimmbahn nicht minder anmutig wie auf der Promenade (...)« (Benecke, S. 225)

1843 wurde in Köln die vermutlich erste private Turnanstalt für Frauen eröffnet, geleitet von Turnlehrer Euler. Seit 1860 gab es Mädchenturnen auch an einigen Privatschulen. Als obligatorisches Unterrichtsfach an preußischen Schulen wurde es jedoch erst 1894 eingeführt.

Die Sport- und Turnvereine waren in der ersten Hälfte des neunzehnten Jahrhunderts reine Männervereine. Mit Ausnahme von karitativen und religiösen Vereinen galt das Vereinswesen als Teil der Öffentlichkeit und war somit für Frauen tabu. In ihren Vereinen gestatteten die Herren den Damen lediglich die »gesellige Teilnahme an Festveranstaltungen« oder »das Sticken und Nähen der Vereinsfahne«. Frauen sollten eine Augenweide sein, zuständig für die Unterhaltung und die unsichtbare Arbeit. Den Vereinen beitreten konnten sie erst in den letzten zwei Jahrzehnten des neunzehnten Jahrhunderts, Mitbestimmungsrechte erhielten sie aber noch nicht. Ihre Aktivitäten orientierten sich weiterhin an den gängigen patriarchalen Vorstellungen vom »weiblichen Wesen« – an wettkampfmäßig betriebenen Sport war überhaupt noch nicht zu denken.

Der Kölner »Verein zur Verbesserung der Frauenkleidung und Frauenkultur« entwarf 1908 den »Kölner Turnkittel«.

Frauen werden aktiv

Die Anfänge des Frauensports markieren den Aufbruch der Frauen aus der Isolation der Privatsphäre und der Ausgrenzung aus dem öffentlichen Leben. In Köln, wie auch in anderen deutschen Städten kritisierten zahlreiche Frauenrechtlerinnen den Ausschluß des weiblichen Geschlechts vom Sport. So gründeten einige Aktivistinnen 1903 den »Verein zur Verbesserung der Frauenkleidung und Frauenkultur« und engagierten sich unter anderem für die Teilnahme von Mädchen und Frauen am Sport und Turnen. »Die geistige Befreiung des weiblichen Geschlechts ist untrennbar verbunden mit seiner körperlichen Befreiung. Die heute so mannigfach erweiterten Aufgaben der Frau erfordern notwendigerweise, daß sie für diese Aufgaben mehr als bisher auch körperlich tüchtig gemacht wird.« (Die Verbesserung der Frauenkleidung – eine Notwendigkeit!, S. 18) Die veränderte Frauenrolle war der Ausgangspunkt ihrer Überlegungen. Die Reformerinnen bekämpften das Korsett, forderten dessen sofortige Abschaffung und statt dessen eine bequeme Reformkleidung, in der sie eine Voraussetzung für die »körperliche Ertüchtigung« von Mädchen und Frauen sahen.

»Körperertüchtigung« wurde bald zum zentralen Vereinsziel. »Darum, Ihr Frauen und Jungfrauen, turnt und spielt, wandert und schwimmt, damit Ihr gesund, kraftvoll, ausdauernd, schön, anmutig und heiter werdet, Euch selbst und Euren Angehörigen zur Freude, den künftigen Geschlechtern zum Segen, unserem Vaterland zur Ehre!« (Die neue Frauenkleidung, S. 4) Der Tenor des Aufrufes verdeutlicht das Anliegen der Anhängerinnen der Reformbewegung: die Befreiung des weiblichen Geschlechts. Er spiegelt aber auch ihre nationalistische Gesinnung wider. Die Haltung der Kleiderreformerinnen ist exemplarisch für weite Teile der damaligen Frauenbewegung. Ihre Protagonistinnen waren der Überzeugung, daß Frauen sich Rechte verdienen müßten, indem sie ihre Bedeutung für das Vaterland unter Beweis stellten.

Dr. Emilie Düntzer, Leiterin der sportärztlichen Beratungsstelle für Frauen in Köln und Gynäkologin

Einige Ärztinnen unterstützten die Sportbegeisterung der Frauen. So untersuchte die Kölner Gynäkologin Emilie Düntzer, selbst aktive Sportlerin, »die Einwirkungen der Leibesübungen auf die Menstruation« und »den Einfluß sportlichen Trainings auf den Geburtsverlauf«. In beiden Untersuchungen stellte sie fest, daß Turnen und Sport positive Auswirkungen haben, und bekämpfte so die als »wissenschaftlich« geltenden Vorurteile ihrer Kollegen.

Kölner Schwimmerinnen gehen ins Wasser

Die ersten Schwimmerinnen waren mit rigiden moralischen Bedenken und rechtlichen Einschränkungen konfrontiert, schließlich war der Körper nur »spärlich« bedeckt. Berichte aus anderen Städten überliefern zum Beispiel, daß die Wassersportlerinnen zum Start unter einer Markise ins Wasser steigen mußten, die danach hochgerollt wurde. Unter diesem »Anstandsbaldachin« konnte »mann« die Körper der Frauen nicht sehen, denn beim Schwimmen selbst schauten ja nur die Köpfe aus dem Wasser heraus. Eine Polizeiverordnung aus dem sauerländischen Werdohl von 1909 bestimmte bei Schwimmwettbewerben mit Damen ganz deutlich: »Bezüglich des Damenwettschwimmens wird dem Vorstand die Pflicht auferlegt, alle männlichen Zuschauer mindestens 300 Meter entfernt zu halten«, und weiter: »Es wird darauf aufmerksam gemacht, daß derartige Veranstaltungen unter freiem Himmel während der Zeit des Gottesdienstes nicht erlaubt sind.« (Bachmann, S. 23)

Vor diesem Hintergrund können wir heute feststellen, wie couragiert die Damen handelten, um ihrer Schwimmleidenschaft nachzugehen. Zunächst waren für sie ausschließlich die Disziplinen Reigenschwimmen, Brustschönschwimmen und Stafettenschwimmen vorgesehen. An Rückenschwimmen durften die Nixen nicht denken: Es galt als besonders schamlos.

Anfang des neunzehnten Jahrhunderts konnten in Köln nur circa fünf Prozent der Bevölkerung schwimmen. Ein erstes Deutsches Schwimmlehrbuch hatte Johann Guts Muths 1798 verfaßt und Geräte für die Vorübungen zum Schwimmen erfunden: die Schwimmangel und das Schwimmkarusell. Ein Jahrhundert später waren es sicherlich mehr Menschen, die sich im Wasser tummelten, doch waren es hauptsächlich Männer. Der »Erste Damen-Schwimm-Verein« wurde 1903 gegründet. Ihm folgten 1909 der Damen-Schwimm-Klub »Rheingold«, 1911 die Damenabteilung des Schwimm-Vereins »Rhenus« und 1913 der Damen-Schwimm-Verein »Poseidon«. Mitgliedszahlen sind aus dem Schwimm-Verein »Rhenus« überliefert: Ihm traten nach der Gründung in kurzer Zeit 40 Frauen bei. Nach dem Ersten Weltkrieg organisierten sich immer mehr Frauen in Schwimmvereinen. Die Sportart war bei den Frauen sehr beliebt und mit 45-55 Prozent ihr Anteil in den Vereinen sehr hoch.

Die ersten Wettkämpfe im Frauenschwimmen trugen die Sportlerinnen nicht in der Öffentlichkeit, sondern vereinsintern oder zwischen den einzelnen Damenabteilungen aus. 1910, als der Schwimm-Sport-Klub Köln ein Schwimmfest mit Damenwettschwimmen veranstaltete, meldeten sich nur auswärtige Schwimmerinnen.

Eine besondere Attraktion und ein wahres Volksfest war das Stromschwimmen im Rhein unter dem Namen »Quer durch Köln«. Die Strecken waren zwischen 3.000 und 7.500 Meter lang. In der Weimarer Republik konnten sich Frauen und Mädchen daran beteiligen. Teilnehmerinnen kamen auch von außerhalb, doch waren die Kölner Schwimmerinnen bei den Wettkämpfen besonders erfolgreich. 1921 war es zum Beispiel Else Döbler vom Schwimmverein »Poseidon«, die den Titel »Rheinmeisterin« über 7.500 Meter ge-

Die kleine Meisterschwimmerin

Siebenjährige Kölnerin schwamm 6000 Meter im offenen Rhein

Hilde ist ein schlankes, rankes Mädelchen mit kräftigen Waden und entsprechenden Armmuskeln. Stolz trägt sie den blauen Vereinsschwimmanzug mit den rotweißen Streifen auf der Seite und dem Vereinswappen. Wir treffen sie auf der Zugangsbrücke zur Rheinbadeanstalt Pelzer an der Bastei. Sie probiert gerade die Wassertemperatur. Schnell macht sich mein kamerabewehrter Kollege von der andern Fakultät schußbereit, und schon ist die kleine Hilde Pelzer in dem schwarzen Kästchen. Anschließend unterhalten wir uns mit Papa Pelzer und dem Lehrmeister der kleinen Hilde.

„Donnerwetter!" entfährt es meinem Begleiter, als man uns erzählt, daß die Kleine vorgestern 6000 Meter im offenen Rhein geschwom-

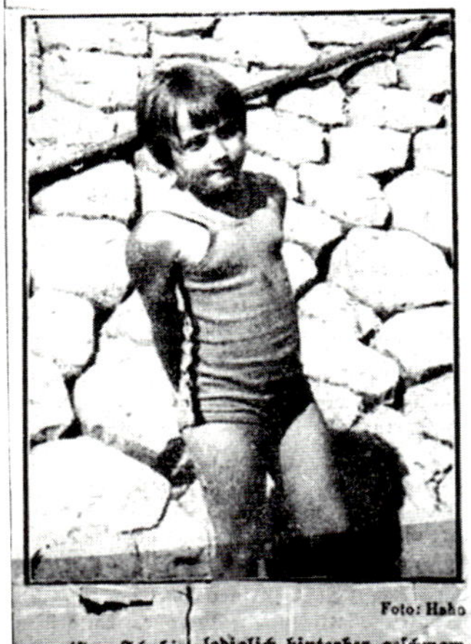

Foto: Haho

men ist. „Ich bin lediglich hinterher geschwommen. Kein Begleitboot war dabei", erklärte stolz der Lehrmeister mit dem breiten Brustkasten. „Und 12 000 Armzüge mußte die Kleine machen", fährt er fort, wobei sich die Siebenjährige gleichfalls stolz in die Brust wirft. „Und dabei ist sie erst dreimal im offenen Strom geschwommen", bemerkt die Mutter dazwischen. „Aber dafür ist sie mit vier Jahren schon in der Badeanstalt im „Tiefen" herumgekrault wie ein junger Pudel", vervollständigt der Papa.

Darauf wenden wir uns an die kleine Meisterin, die dieselbe Strecke meisterte, die am Sonntag die Teilnehmer an dem Stromschwimmen „Quer durch Köln" zurücklegen werden. Bei diesem Schwimmen gibt es auch eine Konkurrenz der Jugend, die über 3000 Meter geht. An diesem Wettbewerb wird auch die kleine Hilde teilnehmen, die mit ihren sieben Lenzen die jüngste Stromschwimmerin ist. Im übrigen sind die jüngsten Mitschwimmer und -schwimmerinnen über zwölf Jahre und die meisten vierzehn Jahre alt. Auf unsre Frage, ob sie denn gewinnen würde, antwortet uns Klein-Hilde: „Ich weiß nicht, vielleicht".

Mit dieser Auskunft gaben wir uns denn auch zufrieden und verabschiedeten uns von der kleinen Stromschwimmerin und wünschen ihr viel Glück zum Stromschwimmen am kommenden Sonntag.

wann. In der Zeit von 1927 bis 1932 siegten beim Stromschwimmen stets Kölnerinnen.

Eindrucksvoll erzählt die Zeitzeugin Hilde Peltzer vom Stromschwimmen der Jugend im Rhein. Mit sieben Jahren war sie 1935 die jüngste Teilnehmerin. Besonders stolz war sie, daß sie im Gegensatz zu ihrem älteren Bruder schon mitschwimmen durfte und die dreitausend Meter sogar bewältigte. Für das Ereignis hatte sie zuvor eine Strecke von sechstausend Metern trainiert. Lachend erzählt Hilde Peltzer noch heute, wie ihr Lehrmeister mit Krawatte und Zylinder in einer Zinkwanne neben ihr hergepaddelt sei, um auf sie acht zu geben. Er kontrollierte, daß sie pro Meter zwei Armzüge machte. Das Schwimmen hatte sie im Hohenstaufenbad gelernt und schon mit vier Jahren »wie ein Pudel in den Tiefen herumgekrault«. Aber auch der Rhein war ihr sehr vertraut, da ihre Eltern 1932 die Rheinbadeanstalt an der Bastei übernommen hatten.

Rückblickend überdenkt die heute über Siebzigjährige ihre Unbeschwertheit beim Schwimmen. So war sie als kleines Mädchen dabei, wenn die Großmutter schwimmen ging. Sobald diese aus dem Wasser kam, legte ihr der Großvater ein Badetuch um, mit dem er am Beckenrand der Rheinbadeanstalt auf sie wartete, um sie nach dem Bad anständig zu bedecken: Hilde Peltzer fand das damals eher lustig und registrierte nicht die Einschränkung für Frauen.

Ausdauer und Geschlossenheit: Ruderinnen setzen sich durch

Bei den Ruderinnen dauerte es wesentlich länger als bei den Schwimmerinnen, ehe sie sich in Köln etablieren konnten. Der Deutsche Ruderverband lehnte die Aufnahme von Frauen kategorisch ab. So fragte 1924 ein Arzt namens

Ruderinnen auf dem Rhein

Gerloff: »Sollen Weiber rudern?« und antwortete kraft seines Berufes, daß der »Rudersport der Natur des Weibes wesensfremd sei«. Er würde »deutsche Mädchen verbilden und harte männliche Körper aus ihnen machen«. (Langen, S. 61)
Ein Vergleich mit Berlin zeigt, wie rückständig Köln im Hinblick auf den Frauenrudersport war. Während es in Köln noch keine Frauenvereine gab, existierten in Berlin in den zwanziger Jahren schon zwanzig reine Damenrudervereine. Dabei hatte es in Köln früh Stimmen für das Frauenrudern gegeben. Der »Verein zur Verbesserung der Frauenkleidung und Frauenkultur« hatte schon 1910 die Frage gestellt: »Warum rudern Frauen nicht?« Als Argumente für das Rudern führten die Frauenrechtlerinnen auf, daß der Sport »edel und gesund sei, die Körperschönheit besonders hervorhebe sowie eine Schlankheit der Taille und die ausgiebige Entwicklung der Brustmuskulatur fördere«. (Die neue Frauenkleidung, S. 6)

Vorreiterinnen waren in Köln Studentinnen, die 1927 einen Akademischen Damenruderklub gründeten, dem bald fünfundzwanzig Ruderinnen angehörten. 1929 initiierten Sportlerinnen des »Kölner Rudervereins von 1877« eine Frauenriege, die aber zunächst nur den Schwestern, Töchtern, Verlobten und Ehefrauen von männlichen Vereinsmitgliedern offenstand. 1932 bildeten Frauen und Mädchen des »Kölner Clubs für Wassersport« eine eigene Riege. Die bestehenden Rudervereine hatten in Köln erfolgreich dafür gesorgt, daß keine selbständigen Damenrudervereine entstanden, sondern nur rechtlich unselbständige Frauenriegen. Nur zögerlich ließen sie Damenumkleidekabinen und warme Duschen in die Bootshäuser einbauen, damit »die Weiblichkeit auch brausen konnte«.

Die Bewegungsfreiheit der Ruderinnen war durch strenge Bestimmungen des Kölner Rudervereins eingeschränkt. Gemischtgeschlechtliches Rudern war strikt verboten. Sorgfältig wachte der Verein bei den weiblichen Beteiligten über sittsame Kleidung. Frauen durften zwar in Sporthosen rudern, mußten jedoch sofort nach Verlassen des Bootes Röcke darüberziehen.

»Man war also im hochkultivierten und fortschrittlichen Ägypten geneigt, Frauen rudern zu lassen, und empfand die Verbindung von Anmut und Kraft als Augenweide, (...) aber im Kölner Ruderverein war allein der Gedanke strafbar, Frauen im leichten Rennboot und dann sogar im Wettkampf rudern zu lassen. Der Vorstand sagte grundsätzlich »NEIN«, und was die Herren zu dem Entschluß geführt hatte, drang nicht an die Öffentlichkeit. War es die Sorge um die Trainingsmänner oder drohte ein allzu großer Einbruch in die Privilegien der Männer? Man schwieg sich über die Gründe – vielleicht wohlweislich – aus! Weil die Damenriege selbst natürlich keine Rennboote besaß und eine Anschaffung, abgesehen von der Insubordination [Ungehorsam, d. Verf.], weit über unsere eigenen finanziellen Kräfte hinausging, schwiegen wir und warteten auf eine günstige Gelegenheit.« (Roter Stern, S. 143)

Bei den Vaterländischen Festspielen 1929 in Köln war als einziger Ruderwettbewerb für Frauen das Damenstilrudern aufgeführt, und wiederum stand die »Ästhetik des Weiblichen« im Vordergrund, denn dabei kam es auf gute Haltung und exaktes Rudern an. Rennrudern hingegen galt als unweiblich und war verpönt. Die Ruderinnen wurden jedoch nicht gefragt. Sie selbst hätten lieber am Rennrudern teilgenommen, denn die Beurteilung des Stilruderns empfanden sie als zu unsachlich. »Das Stilrudern gefiel uns nicht sehr. Die Bewertung schien uns zu sehr Geschmackssache der Schiedsrichter, die ›natürlich‹ immer Herren waren. So ein Doppelvierer oder Vierer mit lauter blondgelockten Köpfen oder Mozartzöpfen sprach sowieso schon für sich und hatte schon ein paar Punkte im voraus. Wir dachten das wenigstens, wenn wir verloren.« (Roter Stern, S. 141)

Training und Wettkampfmöglichkeiten für rudernde Frauen und Mädchen förderten zum ersten Mal die Nationalsozialisten – mit der Einrichtung von »Reichsleistungswettkämpfen« auch für die weibliche Jugend. Ziel dieser Wettkämpfe war es, die Gesundheit, Willensstärke, Entschlußkraft und Selbstbeherrschung aufzubauen. Hinter diesen Parolen verbarg sich jedoch das ei-

Marianne Mahlberg beim Training (um 1939)

gentliche Ziel: die Gebärfähigkeit der Frauen zu stärken und sie auf die höheren Leistungsanforderungen im Krieg vorzubereiten. Die bislang höchste Zahl an Aktiven erreichte die Kölner Rudergesellschaft 1941 mit 43 Frauen und 15 Jugendlichen.

Die erste in Wettkämpfen erfolgreiche Kölner Ruderin war die 1914 geborene Marianne Mahlberg. Sie trainierte seit 1937 im Kölner Club für Wassersport und gewann in einem Renndoppelvierer die jährliche Stromregatta. Später entdeckte sie ihre Vorliebe für den Einer. Als 1939 zum ersten Mal in Leipzig die Deutschen Frauenmeisterschaften ausgetragen wurden, ruderte sie als Erste ins Ziel.

Auch nach dem Zweiten Weltkrieg waren die Frauen der Kölner Rudergesellschaften sehr erfolgreich. Sie gewannen mehrere Deutsche Meisterschaften und 1954 eine Silbermedaille bei der ersten Fraueneuropameisterschaft. Doch trotz dieser Leistungen konnte im Hinblick auf die Wettbewerbsbedingungen noch lange nicht von einer Gleichbehandlung der Geschlechter die Rede sein. Erst 1974 nahmen Frauen das erste

Mal an der Weltmeisterschaft teil und 1976 erstmals an den Olympischen Spielen.

Auch Sportlerinnen anderer Disziplinen mußten lange und ausdauernd für ihre Anerkennung kämpfen. Fußball und Marathon sind zum Beispiel erst seit den achtziger Jahren als olympische Disziplinen anerkannt. Leistungssport mit seinen extremen körperlichen Anforderungen und auch körperlichen Schäden ist sicher kritisch zu betrachten. Dennoch stellt sich die Frage, warum bis heute männliche Funktionäre entscheiden, welche Sportarten für Frauen geeignet sind und wie sie sich dabei zu verhalten haben. Für die Weltmeisterschaft in Japan im November 1998 ordnete der Volleyballverband für die Volleyballspielerinnen an, besonders eng sitzende Shorts zu tragen – wie es hieß, um den Sport für die Zuschauer attraktiver zu machen. Die Sexualisierung sporttreibender Frauen als Trend im ausgehenden zwanzigsten Jahrhundert?

»Tupfschritt vorwärts und rückwärts (...) im kleinen Kreise. Mit Tupfschritt Gottes weite Welt besehen! (...) Ferner heißt es stets, Mädchen müssen leicht, zart auftreten, man müsse es nicht hören. Energisch, ganz energisch und laut vernehmbar sollten die Frauen gegen solchen und anderen Unsinn auftreten.« Mit diesem Aufruf ermutigte die Ärztin Alice Profé im Jahre 1908 ihre Geschlechtsgenossinnen, den Kampf gegen die Vorurteile beim Mädchen- und Frauensport aufzunehmen. Sind wir heute wirklich weiter?

Interview mit Hilde Peltzer, April 1998 und März 1999, Kassette im Kölner Frauengeschichtsverein.

Rheinüberquerungen – Von »ehrbaren« Jungfrauen und »ehrlosen« Weibspersonen

Schon in früheren Jahrhunderten, als es noch keine Brücken gab, überquerten viele Menschen regelmäßig den Rhein. Zwar hatten um 310 n. Chr. die Römer eine Brücke von Köln zum Deutzer Kastell gebaut, doch war sie im Laufe der Jahrhunderte zerfallen. Daher besaß ein Teil der Bevölkerung kleine Boote, und es herrschte ein reger Fährverkehr über den Rhein, bei dem eine Zeitlang auch Frauen mitruderten. Erleichtert wurde die Arbeit mit der Einrichtung einer »fliegenden Brücke«, einer an Seilen gezogenen Fähre. Diese wurde 1822 von einer hölzernen Schiffsbrücke abgelöst: vierzig auf dem Wasser schwimmende Pontons trugen die circa vierhundert Meter lange Holzbrücke, die den Holzmarkt in Köln mit der Deutzer Freiheit verband. Dreimal täglich wurde diese Brücke für den Schiffsverkehr geöffnet, dann waren keine Rheinüberquerungen möglich. Um den Passanten die mitunter lange Wartezeit zu verkürzen, kam eine Komödiantenfamilie namens Millowitsch in den vierziger Jahren des neunzehnten Jahrhunderts auf die Idee, am rechtsrheinischen Brückenkopf ihr Puppentheater vorzuführen.

Die »fliegende Schiffsbrücke« (um 1720)

Die neue hölzerne Schiffsbrücke wurde dreimal täglich für den Schiffsverkehr geöffnet. (Stich von 1850)

Die erste feste Kölner Brücke der Neuzeit ist die 1859 eingeweihte Hohenzollernbrücke, die für den Eisenbahnverkehr errichtet wurde. Wegen ihrer Eisengitterkonstruktion und ihrer hohen beengenden Flankentürme hieß sie im Volksmund die »Muusfall« (Mausefalle). Ihr folgten ein halbes Jahrhundert später die Südbrücke, die 1911 als zweite Eisenbahnbrücke fertiggestellt wurde, und 1915 die Deutzer Brücke. Lange Zeit war es üblich, daß auch FußgängerInnen für die Benutzung der Brücken ein geringes Brückengeld zu entrichten hatten. Arme Bevölkerungsschichten haben unter Umständen die Brücken deshalb selten betreten. Zudem wurden noch Boote zur Rheinüberquerung benutzt.

Die Poller Milchmädchen

Fast täglich überquerten die Poller Milchmädchen den Rhein, um Milch und Milchprodukte auf den Kölner Märkten im Linksrheinischen zu verkaufen. Der Stadtteil Poll, rechtsrheinisch zwischen Deutz und Westhoven gelegen, wurde 1888 nach Köln eingemeindet. Haupteinnahmequelle waren die Fischerei – bekannt war der Poller »Maifisch« – und die Landwirtschaft. Die großflächigen Wiesen am Poller Ufer boten ein ideales Weideland für Kühe. Die Bauerntöchter luden täglich die schweren Milchkannen auf ihre Eselskarren und fuhren am Ufer entlang bis zur Schiffsbrücke in Deutz, überquerten den Rhein und suchten die Kölner Märkte auf. Noch um die Jahrhundertwende waren sie an ihrer Tracht, die aus einem weiß gestärkten Kopftuch, einem bunten Baumwollkleid mit heller Schürze und einer darüber gebundenen halben blauen Schürze bestand, zu erkennen. Die saubere, adrette Erscheinung sollte einen guten Absatz fördern. Mit dem Gewinn aus dem Milchgeschäft sollen sich die jungen Frauen ihre Aussteuer finanziert haben.

Denkmal für die Milchmädchen im Stadtteil Poll

Poller Milchmädchen mit Eselskarren (um 1900)

Die Poller Milchmädchen besaßen einen guten Ruf: In den zwanziger Jahren wurde im Stadtteil Poll eine Siedlung nach ihnen benannt, und 1928 wurde das Denkmal eines Milchmädchens aufgestellt. Dies verdeutlicht auch ihre gesellschaftliche Anerkennung. Allerdings verniedlicht die Plastik die körperlich schwere Arbeit: eine kindlich wirkende Frau hält in jeder Hand eine kleine Kanne. Die Skulptur ignoriert, daß die Milchmädchen große Milchkannen heben und tragen mußten.

Es ist anzunehmen, daß die Poller Milchmädchen ebenso wie ihre Kolleginnen anderenorts gut rechnen konnten, denn sie brauchten die Einnahmen dringend. Im Gegensatz dazu ist mit dem Begriff »Milchmädchenrechnung« eine Rechnung gemeint, die auf einem Trugschluß basiert. In einer französischen Fabel haben Milchmädchen in Erwartung der zukünftigen Gewinne vor Freude hüpfend die Milch umgestoßen. In einer anderen Erzählung haben sie in Gedanken das erwartete Geld bereits ausgegeben und darüber die Milch sauer werden lassen. In beiden Fällen werden sie als naiv dumm und unbesonnen dargestellt.

Schmugglerinnen

Während die Poller Milchmädchen den Rhein legal überquerten, waren im Laufe der Geschichte viele KölnerInnen gezwungen, illegal von einem Ufer zum anderen zu gelangen. Zur Zeit der französischen Besatzung von 1794 bis 1814 war der Rhein nicht nur eine politische, sondern auch eine wirtschaftliche Grenze, was dazu führte, daß der traditionell lebhafte Handel zwischen Köln und den rechtsrheinischen Gebieten unterbrochen wurde. So blühte der Schmuggel auf – als Reaktion auf die massiv eingeschränkten Arbeits- und Einkaufsmöglichkeiten. Großunternehmen und angesehene Handelshäuser organisierten Schmuggel in großem Stil; daneben gab es auch Gelegenheitsschmuggel. Ein Reisender berichtete um 1800, daß der »Pöbel« das Schmuggelgeschäft »mit aller Anstrengung seiner physischen und geistigen Kräfte [betreibt]. Man sieht den ganzen Tag über kleine Kähne und Nachen von einem Ufer zum anderen fahren. (...) Mehrere Jungen und Mädchen fahren täglich zwölf oder mehreremal mit der fliegenden Brücke nach Deutz, um jedesmal einige Karotten und Schnupftabak herüberzuholen.« (Klebe, Bd. 4, S. 19) In der Regel erfahren wir von den SchmugglerInnen nur dann etwas, wenn sie ertappt wurden. Genauere Zahlen und Angaben sind nicht bekannt.

Während die Hintermänner große Profite machten, war der Gewinn der am Kleinschmuggel Beteiligten gering. Das Risiko, verhaftet und verurteilt zu werden, war beim Kleinschmuggel höher als beim Großschmuggel. Die Menschen griffen nicht auf illegale Methoden zurück, weil sie sich davon eine große Beute versprachen, sondern aus einer Notlage heraus. Entweder hatten sie ihren Broterwerb verloren, oder ihre eigentliche Arbeit war so schlecht bezahlt, daß sie einen Nebenverdienst brauchten. So manche Ehefrau unterstützte ihren im Schmuggel tätigen Mann. Diese Arbeit sahen weite Kreise der Bevölkerung nicht als Unrecht, sondern als existentielle Notwendigkeit an.

Die zwei Frauen, von denen die Behörden vermuteten, daß sie zusammen mit dreizehn Männern in Deutz ein Zwischenlager für Schmuggelgut unterhielten, stellten eine Ausnahme dar, denn in ihrem Fall handelte es sich um organisierten Schmuggel in größerem Ausmaß. Im Bereich des Kleinschmuggels waren mehr Frauen anzutreffen. In der Regel schmuggelten sie nur geringe Mengen: einen Krug Fischöl, ein Bündel Tabak, einige Pfund Kaffee oder Zucker. Frauen hatten die Möglichkeit, viele Waren unter ihren weiten Röcken zu verstecken. Der Verwaltung war durchaus bekannt, daß Frauen schmuggelten. So stellte sie Zöllnerinnen zur »Visitation« der Verdächtigen ein. Eine Durchsuchung fand nicht in der Öffentlichkeit statt, sondern im Zollhäuschen neben dem alten Stadttor an der Markmannsgasse.

Das Ehepaar Schülgen wurde im Juni 1807 dabei erwischt, als es mit Pferd und Wagen den Rhein überquerte und 288 Messer aus Solingen und Remscheid mit sich führte. Neben einer Geldstrafe mußten beide eine sechsmonatige Gefängnishaft absitzen. Angesichts der großen Menge ist es möglich, daß sie zum Lager der professionellen SchmugglerInnen zählten. Typisch für den »Frauenschmuggel« war die Gärtnerin Margret Hambach, die illegal Tabak nach Köln einführen wollte. Sie mußte eine Haftstrafe abbüßen und wurde anschließend unter polizeiliche Kontrolle gestellt. Andere hatten mehr Glück: Gertrud Nover zum Beispiel gestand zwar den Schmuggel, doch im Vernehmungsprotokoll der Zollbehörde wurde vergessen aufzuführen, ob sie für die beschlagnahmte Ware eine Quittung erhalten habe. Aufgrund dieses Formfehlers mußte sie nur die Kosten des Verfahrens tragen.

Zwischen 1803 und 1811 wurden in Köln 330 Schmuggelprozesse geführt, davon 29 gegen Frauen. Einige waren als Ehefrauen von schmuggelnden Männern angeklagt, sie waren eher Mitwisserinnen als Mittäterinnen. Somit ist die Zahl der gefaßten Schmugglerinnen wahrscheinlich noch geringer anzusetzen. Vielleicht waren Frauen einfach nur gerissener und ließen sich nicht so oft erwischen.

Eine solch clevere Schmugglerin war die 1825 geborene Bolze Lott, die mit richtigem Namen Scholastika Bolz hieß. Modisch wie sie sich gab, trug sie den weit nach hinten gewölbten Krinolinenrock, unter dem sie Waren »importierte«. Selbst ein paar Kilo Fleisch oder ein Sack mit anderen Lebensmitteln oder Tabak fanden unter dem Rock Platz. Nach der Krinoline wurde die Tournüre modern. Dieser »Cul de Paris« – die KölnerInnen nannten ihn schlicht »Küh« – hob den Po der Damen durch den »falschen Steiß« hervor. Auch diese französische Neuerung nutzte Bolze Lott für ihre Zwecke. Anscheinend war sie nicht gerade zimperlich: Wenn ein Zollbeamter sie anhielt, soll sie mitunter kräftig zugeschlagen oder sich gewandt aus der Situation herausgeredet haben. Sie war so bekannt, daß sogar Lieder auf sie gedichtet wurden, wie das 1952 entstandene Lied von Josef Klefisch:

Et Bolze Lott wäden ich genannt
Un et heisch, ich wör en Fääsch!
Beim Schmuggele hätt noch keine Scharschant
Mich am Schlawitt gekrääsch.

Beluhrt die Krinolin am Po
Un hingen eröm die Küh:
Die sin nor zum Versteche do,
Vun Speck und Woosch und Flüh.

Su han ich als Beruf gewählt
Die Lebensmittel-Branch.
Der Hunger hät mich nie gequält,
Han och Schabau gepansch!

Hinter jedem Vers folgt der Refrain:

Bolze Lott, Bolze Lott,
Bliev wie immer luus un flott,
Steck die Küh gerammelt voll,
Zahl nor keine Penning Zoll!

(Louis, S. 129)

Ein Kölner Original: Et Bolze Lott.

Frauenleben an Bord

Frauen im Schiffshaushalt

Seit Alters her hat es die Schiffahrt auf dem Rhein gegeben; seit ihren Anfängen wurde sie von Männern beherrscht. In Schifferfamilien haben Frauen die Zuarbeit für die auf dem Rhein arbeitenden Väter und Ehemänner geleistet. In vielen ehemaligen Dörfern vor Köln, wie Mülheim oder Niederich, und in der Gemeinde St. Maria Lyskirchen wohnten Familien, die von der Schiffahrt und dem Schiffsbau lebten. St. Maria Lyskirchen war eine typische Schifferkirche. Die um 1420 errichtete »Schiffermadonna« hing früher an der Aussenwand zum Rhein hin, heute ist sie in der Kirche zu sehen.

Im Zuge der industriellen Revolution und Gewerbefreiheit entwickelten sich durch die aufkommende Dampfschiffahrt Großschiffahrtsunternehmen, die zu harten Konkurrenten der Kleinschiffer wurden. Um der wirtschaftlichen Krise entgegenzuwirken, griffen die Kleinschiffer in der zweiten Hälfte des neunzehnten Jahrhunderts eine in Holland schon länger praktizierte Sitte auf: Sie nahmen ihre Frauen und ihre ganze Familie mit an Bord. Seit Beginn des zwanzigsten Jahrhunderts folgten die Reedereien diesem Beispiel. Durch die Mithilfe von Familienangehörigen, zunächst nur von Brüdern und Söhnen, konnten die Ausgaben für das Personal niedrig gehalten werden. Die

»Ich hab' mir zwanzig Bücher eingepackt, weil ich gedacht habe, in der Schiffswohnung ist es so eng, da kann man nur sitzen«, erzählt Karin Scheuber, heute selbst Schiffsführerin, über ihren ersten Aufenthalt auf einem Frachtschiff vor ungefähr zwanzig Jahren. »Und dann hab' ich kein einziges Buch gelesen, ich hatte ja ganz andere Vorstellungen. Es war aber schön, das Leben hat mir gefallen.«

So wie ihr erging es mancher Schifferfrau, die das Leben an Bord nicht kannte. Auf dem Schiff wird nicht nur gearbeitet, fast das ganze Leben spielt sich dort ab. Kinder wachsen hier auf, und in früheren Jahrzehnten wurden sie sogar oft auf dem Schiff zur Welt gebracht. Die Kölner Hebamme Monika Plonka wurde noch in den fünfziger Jahren gelegentlich auf ein Schiff zur Entbindung gerufen. In Ausnahmefällen, wenn der Schiffsführer nicht bereit war, die Fahrt zu unterbrechen, fuhr sie auch ein Stück auf dem Schiff mit. Bei Komplikationen konnte die Wöchnerin natürlich nicht sofort in ein Krankenhaus gebracht werden. Das gleiche Problem stellte sich auch bei Unfällen.

Tätigkeit der Frauen bestand allein in der Haushaltsführung, was der traditionellen Arbeitsteilung von Mann und Frau entsprach und als Fortschritt gepriesen wurde. »Mit der Frau des Herrn kehrte an Bord ein besserer Geist der Ordnung und der Sparsamkeit in den fahrenden Haushalt ein, der nun den Händen von Schiffsjungen und Knechten entzogen werden konnte«, kommentierte ein Sozialwissenschaftler Ende des neunzehnten Jahrhunderts (zitiert nach Steppat, S. 33).

Die Hausarbeit an Bord war früher nicht einfach. Frauen, die vor dem Zweiten Weltkrieg auf den Schiffen mitfuhren, erzählen, daß es noch keinen Strom gab, sondern nur Petroleum; geheizt wurde mit Koks. Das Wasser zum Waschen mußten die Frauen mit Eimern aus dem Fluß schöpfen: eine sehr anstrengende und bei voller Fahrt auch nicht ungefährliche Arbeit. Die Vorratshaltung war schwierig, es gab keine Kühlschränke an Bord, dabei mußten Nahrungsmittel für acht bis zehn Tage mitgeführt werden. Zum Teil konnten frische Lebensmittel über Proviantboote besorgt werden, doch waren sie dort sehr teuer. Das Kaufen an Land war dagegen preiswerter und interessanter, aber auch sehr beschwerlich: Vollbepackt mit Nahrungsmitteln und Gebrauchsgegenständen mußten die Frauen von den Geschäften zum Hafen lange Fußmärsche zurücklegen und dann womöglich über ein schmales Brett vom Land an Bord balancieren.

Schifferfamilie vor dem Zweiten Weltkrieg

Die meisten Familien hatten Haustiere: vor allem Hunde, aber auch Hühner und Hasen. Handarbeiten war die wichtigste »Freizeit«beschäftigung der Schifferfrauen. Es gab keine große Abwechslung, vor dem Zweiten Weltkrieg war ein Radio an Bord noch eine Seltenheit. Auf einigen Schiffen gab es zwei Wohnungen; dann konnte nicht nur der Schiffsführer seine Familie mitnehmen, sondern auch der Matrose oder der Steuermann. Wenn die Ehefrauen sich gut verstanden, vertrieben sie sich ihre freie Zeit gemeinsam. Darüber hinaus war das gemütliche Beisammensein am Hafen mit anderen Schifferfamilien für die Frauen ein wichtiger und selbstverständlicher Kontakt.

Die Hausarbeit hat sich inzwischen entscheidend geändert. Die technischen Errungenschaften erreichten nach dem Zweiten Weltkrieg auch die Schiffswohnungen, der Haushalt unterscheidet sich heute kaum von einem Landhaushalt mit Mikrowelle und Spülmaschine. Zuerst kam das Fahrrad an Bord, mit dem die Frauen von der Anlegestelle zum Einkaufen fuhren; später stand auch das eigene Auto auf dem Deck.

Das Familienleben an Bord

Noch in der ersten Hälfte des zwanzigsten Jahrhunderts kamen viele Schifferfrauen aus Schifferfamilien Sie kannten das Leben an Bord und das ständige Unterwegssein von Kindesbeinen an. Im Laufe der Zeit heirateten aber immer mehr Landfrauen einen Schiffer. Sie hatten vor der Heirat einen eigenen Beruf ausgeübt, den sie aufgeben mußten, wenn sie mit ihrem Mann fahren wollten. Für sie war es daher eine doppelte Umstellung, die manchen sehr schwerfiel. Sie hatten zudem oft keine Ahnung, was sie auf dem Schiff erwartete. Karin Scheuber erzählt, daß sie darüber hinaus sehr darum kämpfen mußte, von ihren Schwiegereltern, deren Familie traditionell in der Schiffahrt tätig war, anerkannt zu werden.

Das Leben auf dem Wasser hat für viele Frauen eine eigene Faszination. Sie sehen ständig etwas Neues, begegnen vielen Menschen, und mit der Zeit kennen sie sich in vielen Städten aus. Eine Schifferfrau erzählt jedoch, daß sie es an Bord schlichtweg langweilig fand. »Das Monotone war so schlimm, und der Lärm und die Vibrationen, das nervt unheimlich. Man wird ganz nervös auf die Dauer. Solange die Maschine läuft, ist immer Unruhe. Man kann auch nicht fernsehen. Und mal mit jemandem reden, das geht auch nicht. (...) Ich hab' mich da eingesperrt gefühlt.« (Steppat, S. 131)

Auf dem Schiff steht die Arbeit im Mittelpunkt, alles dreht sich um die Fahrten. Persönliche Feste konnten besonders früher, als die Schifferfamilien selten Urlaub machten, oft nicht geplant und daher nicht immer an Land mit der Verwandtschaft oder Freunden gefeiert werden. Viele Paare heirateten zwischen zwei Reisen. »Wir hatten gerade

Zeit, uns standesamtlich trauen zu lassen, und mußten dann gleich anschließend wieder aufs Schiff zurück, weil wir laden mußten. Unsere Hochzeitsreise war dann die Fahrt nach Straßburg, die uns die Firma zugeteilt hatte. Dort haben wir dann mit ein paar anderen Schiffern gefeiert.« (Steppat, S. 63) Ebenso wie Kinder mitunter auf dem Schiff geboren wurden, arrangierten die Eltern gelegentlich auch die Taufe an Bord.

Das Verhältnis zu den Kindern ist in den ersten Jahren sehr eng. Bei Schulbeginn tritt ein radikaler Bruch ein: die Kinder müssen das Schiff verlassen. Entweder leben sie bei den Großeltern, um die Schule zu besuchen, oder sie kommen in ein Schifferkinderheim. Die Trennung kostet viele Tränen. In früherer Zeit sahen sich Eltern und Kinder nur alle paar Wochen, weil die Fahrten oft sehr lange dauerten. Durch die Schiffstelefone ist der Kontakt inzwischen leichter aufrechtzuerhalten. Alle Familien haben ein Auto an Bord, so daß die Kinder in regelmäßigen Abständen am Wochenende abgeholt werden können. Das bedeutet aber gerade für die Mütter exaktes Planen, gute Organisation und teilweise stundenlanges Autofahren.

Charlotte Duhr erzählt:
»Meine Mutter stand vorne beim Anlegen und stellte sich auf einen Poller, um an Land zu springen und einzuhängen. Sie rutschte aus und fiel zwischen Schiff und Kaimauer. Sofort drehte mein Vater ab, und da das Schiff noch etwas Geschwindigkeit hatte, waren wir bald an der Stelle vorbei, wo meine Mutter ins Wasser gefallen war. Nur, sie konnte nicht schwimmen, aber sie krallte sich wie eine Katze in die grobe Mauer, tastete mit den Füßen und fand Boden. Als mein Vater sah, daß sie stand und nicht untergehen konnte, machte er erst das Schiff fest und holte sie dann raus. Sie schimpfte fürchterlich, ging sich umziehen und machte sich dann einen heißen Tee mit Rum. Sie hatte etliche blaue Flecken, da sie irgendwo angeschlagen war, aber sie war okay. Wer krank wurde, war mein Vater, der hatte einen Schnupfen!« (Frauen an Bord, S. 50)

Frauen als Matrosinnen und Schiffsführerinnen

Jede Schifferfrau fällt bestimmt einmal ins Wasser, aber das passiert auch den Männern. Karin Scheuber erinnert sich, daß sie ihre erste »Taufe« kurz nach der Geburt ihrer Tochter bei einem Anlegemanöver hatte. Obwohl die Situation nicht ungefährlich war, hatte sie keine Angst. Sie ärgerte sich nur, daß sie sich gerade unter recht umständlichen Bedingungen die Haare gewaschen hatte und nun die ganze Prozedur wiederholen mußte.

Charlotte Duhr kam Ende der fünfziger Jahre mit ihren Eltern aus den Benelux-Ländern nach Deutschland. Als der Vater für sie das Schifferdienstbuch beantragte, damit sie später die Voraussetzungen für das Patent, den Schiffsführerschein, nachweisen konnte, stieß er auf Unverständnis. »Deutschland war erst einmal eine Ent-

Charlotte Duhr mit Eltern und Hund in der Bordküche (um 1960)

täuschung für mich. Alles war so steif und konservativ«, erzählt sie. »Die Frauen rümpften nur die Nasen über uns, denn sie konnten nicht verstehen, daß wir mitarbeiteten.« (Frauen an Bord, S. 58) Von ihrem Vater lernte sie alle Arbeiten auf dem Schiff. Damit wurde sie zu einer Wegbereiterin eines neuen Frauenberufes in der Binnenschiffahrt, doch in ihrer Freizeit unterschied sie sich nicht von ihren Altersgenossinnen auf dem Land. Wenn das Schiff abends anlegte, ging sie manchmal mit anderen jungen »Schiffsdamen« zum Tanzen. Um möglichst schick auszusehen, lief sie schon tagsüber bei der Arbeit mit Lockenwicklern herum.

Aus wirtschaftlichen Gründen ersetzten Frauen seit den fünfziger Jahren die Matrosen, um eine bezahlte Arbeitskraft einsparen zu können. Als vollwertiger Teil der Schiffsbesatzung fühlen sich aber erst die jüngeren Schifferfrauen; mittlerweile haben fast alle mitfahrenden Ehefrauen das Patent gemacht. Karin Scheuber, die 1990 ihr Patent erlangte, erzählt, daß dieser Schritt bei männlichen Kollegen Achtung und Bewunderung hervorrief. Dagegen zeigte

Renate Thomas, die durch ihre Heirat zur Schiffahrt kam, war die eigentliche Chefin an Bord. (um 1975)

der Angestellte der Wasser- und Schiffahrtsdirektion, bei dem sie sich für die Prüfung anmelden mußte, seine Vorurteile sehr deutlich. Und ausgerechnet sie legte in ihrer Gruppe als einzige Frau die beste Prüfung ab.

Die Schifferinnen müssen kräftig zupacken: kürzere Lösch- und Ladezeiten sowie verringerte Fahrzeiten machen das Leben sehr unruhig. Die Arbeit wird anstrengender, zumal auch bei Dunkelheit gefahren wird, für Treffen mit anderen Schiffsleuten bleibt kaum mehr Zeit. Die Frauen leben isolierter, was die älteren sehr beklagen. Zusätzlich zur Schiffsarbeit sind auch am Land viele Erledigungen zu machen. »Ich muß ziemlich malochen«, meint Charlotte Duhr, »es ist nicht so romantisch, wie sich das viele vorstellen. Aber es macht mir Spaß.«

Das Schiffsgewerbe steht heute jedoch nur in sehr begrenztem Rahmen Frauen offen. Zwar bestand Anfang der achtziger Jahre ein größeres Interesse weiblicher Schulabgänger an einer Ausbildung in der Binnenschiffahrt, doch sind ihre Aussichten hoffnungslos, wenn die Eltern kein Schiff besitzen oder die Frauen keinen selbständigen Schiffer heiraten. Bisherige Bemühungen um einen Arbeitsplatz bei Reedereien waren vergebens; diese befürchten, daß Frauen zu oft ausfallen, und wollen keine getrennten Unterbringungsmöglichkeiten einrichten. Außerdem fahren für die Reedereien meist Schubboote in zwei Schichten, auf denen der Familie kein Platz mehr eingeräumt wird.

Engagierte Schifferinnen gründeten 1995 den Verein »Frauen in der Binnenschiffahrt«, der circa fünfundzwanzig Mitglieder hat. Sie treffen sich regelmäßig, um sich auszutauschen sowie auf ihre Situation und ihr Gewerbe aufmerksam zu machen. So schreiben sie Petitionen an die Bundesregierung und geben eine kleine Zeitschrift heraus: »Die Flaschenpost«. In einem Faltblatt präsentieren sie sich als:

mutig
stark
selbstbewußt
problemerfahren
unerschütterlich
kämpferisch
flexibel
stolz

(Gespräch mit Charlotte Duhr und Karin Scheuber)

Bierbrauen – eine Frauenkunst

Bierbrauen und natürlich auch Biertrinken haben im Rheinland Tradition. Bier war schon in der Römerzeit ein Volksgetränk und fand auch in religiösen Ritualen Verwendung. Seine Bedeutung zeigt sich darin, daß es in der germanischen Götterwelt eine Braumeisterin gab, die Göttin Frigga. Die Christianisierung bereitete jedoch den heidnischen Kulten rund um das Bier ein Ende, selbst das heimische Bier wurde »christianisiert«: Klosterbrauereien entstanden, und Nonnen und Mönche ersetzten die brauenden Pristerinnen.

Bier in der Hauswirtschaft

Erste Zeugnisse über das Biertrinken in unserer Gegend stammen von den römischen Eroberern. Das Brauen war bei den Germanen Frauensache, der Braukessel war ein wichtiger und unveräußerlicher Teil der Aussteuer. Dies unterstreicht den Stellenwert des Bierbrauens in der germanischen Gesellschaft. Eine Besonderheit war, daß die Germaninnen im Vergleich zu anderen Völkern ein Bier mit Schaumkrone herstellten. In der Römerzeit übernahm die hiesige Oberschicht die römische Sitte des Weintrinkens, die Armen hingegen tranken Bier pur und etwas besser bemittelte Kreise Bier mit Honig.

Bier wurde aus dem Saft von Getreide und Gerste gekocht und mit Kräutern, Beeren oder Baumrinde gewürzt. Das Brauen gehörte lange Zeit zu den üblichen Arbeiten im Haushalt. Bis ins hohe Mittelalter war Brauen ebenso wie das Backen noch kein spezialisiertes Handwerk, sondern wurde als Hausgewerbe betrieben, hauptsächlich für den privaten Gebrauch. Die jahrhundertelange Verbindung von Brauen und Backen kommt auch im Märchen vom Rumpelstilzchen vor, wenn es sagt: »Heute back ich, morgen brau ich, und übermorgen stehle ich das Kind der Königin.« Zu jener Zeit war das Brauen ausschließlich eine

Frauenkunst. Arme Haushalte waren allerdings kaum in der Lage, Bier selbst herzustellen, weil dazu eine große Feuerstelle nötig war.

Die Bierproduktion war aus zwei Gründen wichtig: Zum einen wurde das oft bakterienreiche Wasser durch den Gärprozeß gereinigt, zum anderen fiel Bier nicht generell unter das Fastengebot. Überlieferungen zufolge war Biergenuß ebenso wie Wein und Met an bestimmten Fastentagen untersagt, doch scheint das Bier in der vorösterlichen Fastenzeit als einziges Getränk außer Wasser erlaubt gewesen zu sein. Um so wichtiger war seine Produktion für die alltägliche Nahrung, es war sozusagen ein flüssiges Grundnahrungsmittel.

Spezialisierte Handwerkerinnen

Die ältesten überlieferten Hinweise auf selbständig arbeitende Brauerinnen in Köln stammen aus dem zwölften Jahrhundert. Eine von ihnen ist eine namenlos gebliebene Frau, die auf eigene Rechnung für das Apostelstift als Brauerin tätig war. Nach einer Legende blieb ihr hölzernes Haus neben der Apostelkirche auf wunderbare Weise beim großen Stadtbrand Ende des zwölften Jahrhundert allein erhalten, weil sie auf Gott und die Apostel vertraute. Auch in Duisburg gibt es eine ähnliche Erzählung. Sie besagt, daß das Haus einer Brauerin aufgrund ihrer Geschäftstugenden vor einem Feuer verschont blieb, weil sie zu ihrer Kundschaft immer ehrlich gewesen sei und rechtes Maß gehalten habe. Vielleicht standen die Brauerinnen sogar in dem Ruf, Unheil abwenden zu können.

Frauen spielten – zumindest zeitweise – als Meisterinnen eine Rolle in der Brauzunft. Zu Beginn des fünfzehnten Jahrhunderts tauchen noch keine Frauennamen in der Gaffelliste, dem politischen und militärischen Verband der Zünfte, auf. Doch einem Bericht von 1500 zufolge wurden 69 Brauerinnen und Brauer im Gaffelhaus vereidigt. Da Kölnerinnen grundsätzlich zu Eidesleistungen herangezogen wurden, ist nicht auszuschließen, daß auch sie den Gaffeleid leisteten, an den normalerweise die Verpflichtung zu Verteidigungs- und Wachdiensten auf der Stadtmauer gekoppelt war. Da Frauen

Bierbrauerin und Bierbrauer (Kölner Abbildung aus dem 17. Jahrhundert)

dazu nicht berechtigt waren, ist anzunehmen, daß sie sich vertreten lassen oder freikaufen konnten. 1528 sind acht Bierbrauerinnen bezeugt, die die Mahlsteuer bezahlen mußten; bereits 1542 ist es nur noch eine Frau.

Im späten Mittelalter werden spezialisierte Handwerkerinnen aus Erwerbszweigen, die ihren Ursprung in traditionellen weiblichen Tätigkeiten hatten, verdrängt. Mit der Ausprägung von Berufen wurden bedeutende Produktionsbereiche aus der privaten Hauswirtschaft ausgegliedert. Frauen – vormals Produzentinnen – fanden sich nun in der Rolle von Konsumentinnen wieder. Dies wird am Beispiel der Bierbrauerin Fyegin deutlich, die sich 1420 der Stadt Köln gegenüber verpflichtete, gegen ein Entgelt zwei ihr zugewiesene Männer acht Jahre lang in der Kunst des Bierbrauens zu unterrichten. Daß sie Geld für die Unterweisung erhielt, betont ihre starke Position. Zugleich ist ihr Vertrag mit der Stadt Köln bezeichnend für eine Phase, in der Frauen ihr Wissen zugunsten der Professionalisierung von Männern preisgeben mußten, während sie selbst langfristig von einer standardisierten Ausbildung ausgeschlossen waren.

Die Brauerin Fyegin mußte sich ferner verpflichten, keines ihrer Braurezepte zu verheimlichen. Die Rezepte waren für den Geschmack ausschlaggebend, denn bis zum fünfzehnten Jahrhundert wurde im Rheinland ausschließlich Grutbier produziert. Die Grut, eine Würzmischung, die anstelle des noch unbekannten Hopfens verwendet wurde, bestand hauptsächlich aus Gewürzmalz und Gagelstrauch, hinzu kamen eine Art Lorbeer, Kümmel,

Ingwer oder weißer Enzian und in Köln als lokale Spezialität Anis.

Über Jahrhunderte hinweg hat in Köln eine große Anzahl von Menschen vom Bierbrauen gelebt. 1838 gab es laut Adreßverzeichnis hundertzwanzig Hausbrauereien in der Stadt – fast alle mit eigenem Ausschank. Es waren Familienbetriebe, in denen Frauen als Ehefrauen, Mütter und Töchter selbstverständlich mitarbeiteten. Ein typisches Erscheinungsbild traditioneller Kölschkneipen war die Wirtin im Kontörchen oder, wie der Volksmund sagt, im »Beichtstuhl«. In diesem Kassenhäuschen, das oft im Chorherrenstil errichtet war, saß die Madame; ihr mußten die Gäste beichten, wieviel sie getrunken hatten. Nach dem Tod ihrer Männer leiteten die Frauen selbständig das Geschäft. Von 366 Kölner Brauereien, die es seit 1838 gab, wurden 356 zeitweise von Frauen geführt. Bekannt ist noch vielen Kölnerinnen und Kölnern Anna Päffgen, die erst vor wenigen Jahren starb.

Das traditionsreiche Brauhaus der Witwe Kolter am Marienplatz (um 1900)

Bierkonsum und Bierrezepte

Um 1500 gewann das Bier an Bedeutung, denn das Hopfenbier, das sogenannte Rotbier, schmeckte besser und galt als gesundheitsfördernd. Der hiesige Wein dagegen wurde infolge des kälter werdenden Klimas im Rheinland immer saurer und somit unbeliebter. Über den Bierkonsum berichtete der Ratsherr Hermann von Weinsberg im sechzehnten Jahrhundert, daß in seinem Haushalt alle anderthalb Jahre zwischen sechstausend und siebentausend Liter Bier gebraut wurden. Das bedeutete, daß die im Haus lebenden sechs bis zehn Personen täglich 1,5 bis 2,5 Liter Bier tranken. Allerdings handelte es sich dabei um relativ alkoholarmes Bier.

Im Gegensatz zum zwanzigsten Jahrhundert, in dem Bier lange ein typisches Männergetränk war, tranken im Mittelalter und in der Frühen Neuzeit beide Geschlechter gleichermaßen Bier, was unter anderem daran zu erkennen ist, daß Frauenklöster ihre eigenen Brauereien hatten. Es gab auch traditionelle Riten und Feste, bei de-

Die Wirtin im »Beichtstuhl« vom Goldenen Kappes, einer Traditionskneipe im Stadtteil Nippes (1970er Jahre)

nen Frauen ein spezielles Bier tranken: So durfte in Rheinland die Wöchnerin einige Zeit nach der Entbindung das sogenannte Krambier trinken (Kram=Wochenbett). Bei den Kindbettschmausen, den früheren Frauenfesten nach der Geburt, tranken die Frauen in Biergegenden ebenfalls den Gerstensaft. Über viele Jahrhunderte hinweg gibt es Zeugnisse von der Trinkfreudigkeit der Kölnerinnen. Johann Haselberg dichtete 1531 in seinem »Loblied auf Köln«: »Zu Coelln trinkt man bier und guten wein, da willent die weiber meister seyn über alle doctoren und mannen: wems nit geliefft, der bleib von dannen.« Noch im neunzehnten Jahrhundert lautete eine Redensart: »Wat der Mann verdeent, versüff et Wiev.« (Klersch, S. 61)

Frauen verwendeten das Bier nicht nur als Getränk. Da sie seit Alters her für das Kochen, Backen und Brauen zuständig waren, ist es nicht verwunderlich, daß das Bier Eingang in die Essenszubereitung fand. In der einfachen wie auch in der anspruchsvolleren Küche waren Biersuppe, Biersoße und Bierteig beliebt. Auch in der medizinischen Behandlung von Menschen und Tieren gibt es unzählige Rezepte, die Bier enthalten. In der Familie lag die medizinische Versorgung lange Zeit in den Händen der Frauen; so mixten sie auch die entsprechende Medizin mit dem Bier oder tranken es pur, zum Beispiel nach der Geburt eines Kindes als Stillbier. Schließlich war auch der Spruch »Bier macht schön« bekannt, was sicherlich nicht nur die äußerliche Anwendung des Bieres förderte.

»Eine gute Biersuppe zu machen.

Man nehme die Dotter von 2 oder 3 Eyern, zerschlage sie wohl mit einem guten Theile süßen Rahm [oder Milch]. Unter dessen hat man das Bier wohl kochen lassen: man schäumt es dann, und gießt nachher den Rahm nebst einem guten Stück frischer Butter hinein, würzet es nach Belieben, entweder mit Gewürznägel oder Zimmet, oder Muskatennuß, oder auch mit Ingwer, wenn man Liebhaber davon ist, läßt dieses zusammen unter fleißigem Rühren etwas aufkochen, und versüßt es mit Zucker. Dann nimmt man würflicht geschnittenes Weißbrod, bratet solches in Butter braun, thut es in die Suppe und richtet sie an.« (Cölner Köchinn, S. 19)

Grietgen, die »Fischmengerse«

Wir haben das Jahr 1483 nach Christus. Mein Name ist Grietgen, ich bin Fischverkäuferin und lebe im »hillige« Köln in einer kleinen Gasse nahe am Rhein. Verheiratet bin ich mit Peter, der ist Fischer. Wir haben drei lebende Kinder, zwei sind schon gestorben. Mehr Kinder will ich nicht bekommen, da weiß ich Vorsorge zu treffen. Außerdem leben in unserem Haus eine Magd und ein Knecht. Wir alle zusammen bilden die Familie, das Gesinde gehört mit dazu. Alle, Kinder und Erwachsene, sind für das wirtschaftliche Wohl in unserem Haus verantwortlich.

Im Fischverkauf arbeite ich ganz selbständig. Der Fisch spielt als Nahrungsmittel eine große Rolle, besonders zur Fastenzeit. Wir Fischhändlerinnen tragen also eine hohe Verantwortung für die Versorgung der Bevölkerung. Wir sind daher von der Stadt vereidigt, was bedeutet, daß die Stadt darüber entscheidet, wer in Köln Fische verkaufen darf. Außerdem legt die Stadt Wert darauf, daß wir das Bürgerrecht besitzen.

Neben der Fischwaage auf dem Alter Markt lag der Verkaufsbereich der Fischhändlerinnen. (Ausschnitt aus einer Zeichnung von Toussyn um 1660)

Bei fast allen Gewerben erfolgt die Arbeitsteilung derart, daß die Männer das Produkt herstellen, zum Teil mit Hilfe der Frauen, diese aber in erster Linie für den Verkauf zuständig sind. Bei uns geht es ähnlich zu: Den Rheinfisch erhalte ich von meinem Mann, vor allem Hecht, Karpfen, Scholle und Krebse. Zusätzlich kaufe ich noch Seefisch, zum Beispiel Hering, von den Großhändlerinnen und -händlern. 1425 wurde das sogenannte Stapelhaus eingerichtet als Umschlagplatz für den Fischhandel. Es ist eigentlich ein Fischkaufhaus, in dem die öffentliche Fischwaage steht. Es ist mir wichtig, guten Kontakt zu den Händlern zu pflegen, damit ich nur frische, einwandfreie Fische von ihnen bekomme. Allerdings ist es schon vorgekommen, daß mich ein Händler übers Ohr hauen wollte, weil er dachte, Frauen könnten nicht rechnen. Doch nicht mit mir! Zum Glück kann ich mich wehren, denn mit Zahlen kann ich gut umgehen.

Es gibt verschiedene Orte, an denen wir die Fische verkaufen, hauptsächlich aber auf dem »Grünen Fischmarkt«, das ist der Brunnen auf dem Alter Markt. Ich habe auch das Pri-

vileg, auf den Salmbänken am Fischmarkt Lachs zu schneiden. Einige Fischhändlerinnen kommen viel herum. Sie fahren in regelmäßigen Abständen nach Mainz und Bingen, um dort an bestimmten Tagen Fische zu verkaufen. Andere schicken ihre Fische, wenn sie viel Ware übrig haben, nach Frankfurt.

Abgesehen vom Fischhandel bin ich zusammen mit der Magd und meinen Töchtern für die Hauswirtschaft verantwortlich. Wir haben einen kleinen Garten, bauen Gemüse an und betreiben Vorratswirtschaft. Es versteht sich von selbst, daß ich mich auf das Konservieren von Fischen verstehe. Das ist besonders wichtig, wenn nicht gefischt werden kann. Im Winter passiert es ja alle paar Jahre, daß der Rhein zufriert. Dann können keine Schiffe mit Seefischen nach Köln kommen. Mein Mann kann sich nur ein Loch ins Eis schlagen, aber dann fängt er sehr wenig. In dieser Zeit verkaufe ich meinen Vorrat an eingelegtem Fisch.

Wenn der Frost besonders lange dauert, kommt es auch vor, daß ich einem Nebenerwerb nachgehen muß. Auf dem zugefrorenen Rhein kann man recht sicher an das andere Ufer laufen. Dann bieten sich oft Gelegenheiten, Botengänge zu machen, für die ich ein Weggeld erhalte.

Aus all dem, was ich über meine Arbeit gesagt habe, wird ersichtlich, daß ich viel zu tun habe. Auch wenn wir kein großer Familienbetrieb sind – wir haben ja nur eine Magd und einen Knecht – geht es uns wirtschaftlich nicht schlecht. Es ist eine Tatsache, daß gerade in Köln die Erwerbsmöglichkeiten für Frauen groß sind, doch werden uns immer wieder Einschränkungen auferlegt – vielleicht fürchten uns die Männer als Konkurrentinnen.

Schon vor vielen Jahrzehnten beschloß der Rat der Stadt eine Fischordnung, die festlegte, daß wir Frauen bei Androhung einer Strafe von fünf Mark oder einer Haftstrafe keine Fische verkaufen dürfen, die mit der Waage gewogen werden. Damit sind die großen Fische gemeint – für uns bleiben also nur die kleinen übrig. Das ist im Prinzip eine blödsinnige Regelung, doch zum Glück hat sie keine schlimmen Auswirkungen, weil der Handel mit kleinen Fischen bei weitem überwiegt.

Mein Mann und ich haben uns so geeinigt, daß er die großen Fische den Händlern verkauft. Gelegentlich hat er selbst Abnehmerinnen für seinen Fang. Ich »helfe« ihm manchmal beim Reinigen der Fische und entnehme die Innereien, wenn die Kundinnen einverstanden sind. Mir kommt es dabei nur auf die Blasen an, die je nach Größe des Fisches als Kondome verwendet werden können. Gelegentlich fragt mich eine Kundin nach einer Fischblase, die ich ihr extra verkaufe. In dieser Angelegenheit wenden sich die Frauen natürlich an mich und nicht an meinen Mann, daher ist es wichtig, daß er mir ab und zu die Blasen der großen Fische überläßt

Letztes Jahr hat der Rat eine neue Verordnung erlassen, und zwar darf der ganze gesalzene Fisch – wie Kabeljau oder Weißfisch – nur noch nach Gewicht und nicht mehr nach Stück verkauft werden. Da wir Frauen aber keine gewogenen Fische verkaufen dürfen, sind wir nun vom Verkauf der konservierten Fische ganz ausgeschlossen. Uns bleiben nur noch die kleinen frischen Fische. Solange mein Mann genügend Fische im Rhein fängt, werden wir unser Auskommen haben, aber bei Vereisungen kann es kritisch werden. Dann kann ich meine konservierten Fische nicht mehr in der Öffentlichkeit verkaufen, sondern nur noch in der Nachbarschaft eintauschen. Mir erscheint diese Verordnung ziemlich willkürlich. Zur Not muß ich mir einen Trick oder eine Ausrede einfallen lassen, um das Verbot umgehen zu können.

Fischverkäuferin um 1670
(Gemälde von van Ostade)

Es gibt aber noch weitere Einschränkungen für Frauen. Immer mehr männliche Fischverkäufer behaupten, daß wir Frauen keine verderblichen Waren verkaufen sollten, weil sie bei uns schneller schlecht würden und Frauen als Verkäuferinnen abschreckend wären. Das Menstruationsblut rieche genauso wie verdorbener Fisch. Die Pfarrer sagen, daß Frauen während der Menstruation unrein wären, daher sollten wir uns während dieser Tage mehr zu Hause aufhalten. Das ist vielleicht ein Unsinn! Schließlich hatten wir schon immer die Menstruation, und trotzdem war der Fischverkauf in der Hand von Frauen. Wir wissen sehr wohl mit dem Fisch umzugehen.

*Ich glaube, es ist ein großer Nachteil, daß wir Frauen nicht im Stadtrat vertreten sind. Wir haben zwar in Köln etliche Rechte – so können wir zum Beispiel Verträge abschließen – aber das hilft uns nicht viel, wenn wir keine politischen Rechte besitzen. Auch in wirtschaftlicher Hinsicht, also in der Zunft, können Frauen nur sehr eingeschränkt mitentscheiden. Ein Fischamt, das aus fünfzehn Meistern besteht, regelt den Fang und Verkauf von frischem, dem sogenannten grünen Fisch. Eine Fischmengerzunft gibt es immer noch nicht. Wir »Fischmengerse« und »Fischmenger« verlangen schon seit Jahrzehnten eine eigene Zunft, und es scheint, daß wir bald Erfolg haben werden. Doch sollen Frauen nur als Witwen Mitglied werden dürfen, nämlich nur als Familienvorstand. Einige Ratsherren vertreten die Ansicht, daß der Familienvorstand auch der alleinige oder hauptsächliche Familienernährer ist, aber ich habe ja anhand meiner Geschichte deutlich gezeigt, was für ein Blödsinn das ist. Ich bin mindestens genauso viel Familienernährerin wie mein Mann, wenn nicht sogar mehr.**

* Diese fiktive Geschichte beruht auf realen Hintergründen und Fakten.

»Wir Kölner Waschweiber wollen weiße Wäsche waschen.«

Im Kinderlied über die fleißigen Waschfrauen heißt es: »Sie waschen, sie waschen den ganzen Tag.« Über die konkreten Arbeitsbedingungen sagt das Lied jedoch nichts aus. Wäschewaschen war jahrhundertelang Frauenarbeit und ist es in der Regel auch noch heute. In schriftlichen Quellen finden wir kaum etwas über diese Tätigkeit, sie erschien nicht bedeutsam genug.*

Bis zum zwanzigsten Jahrhundert fand das Waschen in der Öffentlichkeit statt. In Köln wuschen die Frauen an Brunnen, in den städtischen Bächen, sofern diese nicht von den Färbereien verschmutzt waren, und am Rheinufer. Anton Woensam hat in seiner Stadtansicht von 1531 vier Waschplätze am Rhein eingetragen: vor der Trankgassenwerft (nördlich der heutigen Hohenzollernbrücke), vor der Mühlengasse (zwischen Hohenzollern- und Deutzer Brücke), vor der Rheingasse (südlich der Deutzer Brücke) und vor der damaligen Insel »Weerthchen«, auf der sich heute der Rheinauhafen befindet. Auf der Graphik knien Frauen wäschewaschend auf Laufstegen, die zur Insel führen. An der Südseite des Weerthchens begießen andere Stadtbewohnerinnen die zum Bleichen ausliegende Wäsche. An den oben genannten Waschplätzen erfolgte das Waschen auf Waschbooten oder Waschbänken, das waren flache Boote mit niedrigem Rand und einer runden Kajüte am

Noch in den fünfziger Jahren wuschen Frauen die Wäsche im Fluß. (Foto: Ruth Hallensleben, 1953)

* In ihrem Aufsatz »Waschen in Köln« untersucht Rita Wagner die Geschichte des Waschens in Köln und belegt die Waschplätze. Im folgenden beziehen wir uns in erster Linie auf diese Untersuchung. Das Buch ist zur Zeit vergriffen.

Heck. So konnten die Frauen ihre Arbeit im Rhein verrichten, ohne den Schiffsverkehr zu stören.

Waschhäuser sind für Köln nicht bekannt. Die meisten Kölnerinnen werden im Mittelalter und in der Frühen Neuzeit an den öffentlichen Ziehbrunnen, den »Pützen«, gewaschen haben. An einer Winde mit zwei Eimern wurde das Wasser hochgezogen und in eine Bütt gegossen. In der Regel teilten sich mehrere kleine Häuser einen Brunnen, nur wohlhabende Familien konnten sich einen eigenen Brunnen im Keller leisten. Seit 1745 verdrängten Saugpumpen die offenen Ziehbrunnen – eine erste Arbeitserleichterung.

Manche Frauen haben nicht nur für sich bzw. die eigene Familie Wäsche gewaschen, sondern darüber hinaus gegen Entgelt in reichen fremden Haushalten. Seit dem dreizehnten Jahrhundert sind in Köln Lohnwäscherinnen nachgewiesen: die Wäscherin Druda ist in der Steuerliste von 1236 erwähnt, weil sie vier Solidi Steuern abführen mußte. Sie gehörte damit erstaunlicherweise nicht zu den Armen, obwohl diese harte Arbeit in der Regel nicht gut bezahlt wurde. Bei den Wäscherinnen wurde zwischen den ehrbaren, oft verwitweten »Waschfrauen« und den »Waschmägden« mit »zweifelhaftem Ruf« unterschieden. Während die Waschfrauen in die »besseren« Haushalte gingen, verrichteten die Mägde unter anderem die Arbeit für alleinstehende Männer und erhielten dadurch ein zwielichtiges Ansehen.

Vorgeblich schwatzende Waschweiber (Holzschnitt von Furtenbach aus dem 16. Jahrhundert)

Früher war das gemeinsame Waschen eine Möglichkeit für Frauen, miteinander zu sprechen. Die harte Arbeit war dadurch nicht so eintönig und ließ sich sicherlich besser ertragen. Insbesondere im Winter, wenn die Frauen im eiskalten Wasser wuschen, müssen sie Qualen gelitten haben. Um so wichtiger waren die Kontakte mit Leidensgenossinnen. Auffallend ist, daß Wäscherinnen auf Abbildungen vielfach negativ dargestellt sind: als Sinnbild für lockere Moral und

Schwatzhaftigkeit. Hier liegt sicher der Ursprung für die Ausdrücke »schwatzen wie ein Waschweib« und »in der Öffentlichkeit schmutzige Wäsche waschen«. Mit diesen Bewertungen wird verschleiert, daß Waschen eine sehr wichtige, aber körperlich anstrengende und ungesunde Arbeit war.

Spätestens zu Beginn des neunzehnten Jahrhunderts verschwanden die Waschplätze am Rhein, da das Ufer immer enger bebaut wurde. Das Waschen wurde zunehmend in die Privatsphäre verlagert. 1840 verbot eine Polizeiverordnung ausdrücklich das Trocknen von Wäsche auf Straßen, Plätzen und Promenaden. 1872 erhielt Köln Anschluß an die Kanalisation, nach und nach wurden die meisten noch existierenden offenen Brunnen geschlossen. In den 1880er Jahren waren alle Haushalte an das städtische Wassernetz angeschlossen. Das erleichterte natürlich die Arbeit sehr, doch war das Waschen noch immer so unerträglich, daß sich viele Kölner Dienstmädchen weigerten, diese Tätigkeit zu übernehmen. Betuchte Familien nahmen sich daher eine Waschfrau. Um 1900 durften Waschfrauen 2,50 Mark verlangen, diese Summe war von der Stadt Köln als Mindestlohn für weibliche Hilfsarbeiten festgelegt worden. Dafür konnten die Lohnwäscherinnen jedoch nur ein Kilo Butter oder fünfundzwanzig Eier kaufen.

Anzeige für Johns Volldampf-Waschmaschine aus der Wochenschrift »Kölner Hausfrau« vom 7.10.1906

In der bürgerlichen Gesellschaft des neunzehnten Jahrhunderts wurde Sauberkeit immer wichtiger. Noch um 1860 empfahl Henriette Davidis in ihrem »Haushaltungsratgeber«, zwei große Wäschen im Jahr abzuhalten: eine im Frühjahr und eine im Herbst. Dies galt selbstverständlich nur für die gut situierten Familien mit einem entsprechenden Wäschevorrat. Um die Jahrhundertwende wurde bereits alle vier bis sechs Wochen eine große Wäsche abgehalten. Waschtag war üblicherweise der Montag. Während in früheren Zeiten das öffentliche Waschen am Sonntag aus religiösen Gründen verboten war, wurden die Hausfrauen nun darauf hingewiesen, Wäschewaschen sonntags zu vermeiden, um den Hausherrn nicht zu belästigen. Arbeiterinnen dagegen waren gezwungen, ihren »freien« Sonntag zu opfern, um die Wäsche zu erledigen. Da sich Arbeiterfamilien kaum einen größeren Wäschevorrat leisten konnten, mußten die Frauen auch während der Woche nach der Fabrik- und Hausarbeit noch einzelne Kleidungsstücke waschen.

Reiche Familien konnten sich den Luxus leisten, ihre Wäsche in Beuel bei Bonn waschen zu lassen, das wegen seiner guten Wasserqualität und der reinen Luft ein angesehener Wäschereiort war. Die dort gewaschene Wäsche soll einen ganz besonderen Duft angenommen haben, den sogenannten »Beueler Duft«, den erfahrene Hausfrauen riechen konnten. Im Gegensatz zu Köln und anderen Orten genossen die Beueler Wäscherinnen einen guten Ruf. Die Wäscherei entwickelte sich zum Hauptgewerbe des Ortes.

Heute gibt es nur noch Spezialwäschereien. Die zunehmende Technisierung und der Einzug der elektrischen Waschmaschinen in die Haushalte brachten große Arbeitserleichterungen. Gleichzeitig stieg jedoch das Sauberkeitsempfinden in großem Ausmaß an, und Frauen – manchmal auch Männer – waschen heutzutage viel öfter als früher. Je nach Größe der Familie läuft die Waschmaschine mehrmals in der Woche, so daß im Vergleich zu früher nur wenig Zeit gewonnen ist.

Mit den Arbeitserleichterungen veränderte sich auch die Wertung des Waschens. Während es in den vergangenen Jahrhunderten sichtbar war und als gesellschaftlich notwendig angesehen wurde, trat mit der Verdrängung des Arbeitsvorganges in die Privatsphäre und der scheinbaren Reduzierung von Hausarbeit auf die Bedienung von Geräten eine massive Abwertung ein. Hausarbeit wurde lange Zeit gar nicht als Arbeit begriffen, Frauen erhielten (und erhalten) dafür keine Anerkennung. Einige Aktive der »alten Frauenbewegung« um 1900 und später die »Neue Frauenbewegung« in den siebziger Jahren thematisierten die Doppel- und Dreifachbelastung von Ehefrauen und Müttern. Bis heute arbeitet die Fernsehwerbung mit dem traditionellen Ideal der lächelnden Hausfrau, die mit Leichtigkeit Kleidung, Fenster, Küche und Fußböden perfekt säubert.

Trinkhallen-Mamsell, Kranführerin und Sekretärin: Frauenarbeit im Rheinauhafen

Die Arbeit am Hafen war schmutzig und körperlich anstrengend. Es war eine typische Männerarbeit, dennoch waren im Ersten Weltkrieg auch Frauen hier beschäftigt. Lange hielten es die meisten Arbeiterinnen aber nicht aus, im Durchschnitt einige Wochen oder Monate. Auf den Entlassungspapieren ist als Grund für den Arbeitsaustritt meistens »eigener Wunsch« angegeben, in zwei Fällen »Krankheit«. Eine Hilfsheizerin trat im April 1917 erst gar nicht zu ihrem er-

Hafengelände am Kölner Rheinufer (Ausschnitt aus der Großen Stadtansicht von Woesam um 1531)

sten Arbeitstag an, worauf ein Wachtmeister zu ihrer »Einziehung« angewiesen wurde. Anscheinend war sie zur Hafenarbeit verpflichtet worden. Andere bewarben sich freiwillig.

Errichtung des Rheinauhafens

Jahrhundertelang spielte sich in Köln der Hafenverkehr am offen zugänglichen Ufer ab. Die Hafenarbeit war jedoch stark vom Pegelstand des Rheins abhängig. Geschützte Hafenbecken existierten in Köln nicht, was bei dem »Jahrtausendhochwasser« von 1784 katastrophale Folgen hatte: Weite Teile von Köln und den am Rhein gelegenen Vororten wurden überspült und zerstört. Die französische Verwaltung beschloß daher 1811, einen Sicherheitshafen am »Thürmchen«

Die Insel »Weerthchen« hatte eine wechselvolle Geschichte hinter sich. Im dreizehnten Jahrhundert diente sie als Hinrichtungsstätte, auf der Mitglieder der Katharersekte verbrannt wurden. Anton Woensam zeigt sie auf seinem Kölner Stadtpanorama von 1531 als einen Ort, auf dem Schiffe gebaut, Vieh geweidet und Wäsche gebleicht wurde. Im achtzehnten Jahrhundert dagegen präsentierte sich das Weerthchen als beliebter Ausflugsort, auf dem es recht munter zuging. Um dem unkontrollierten Treiben ein Ende zu bereiten, regelte eine Polizeiverordnung von 1833 den Aufenthalt auf der Insel.

»Mittlerweile dicht bewachsen und offenbar auch durch geplante Pflanzungen verschönert, bot sich die Insel an als Ziel romantischer Kahnpartien, als ruhiger und stiller Park oder auch als heimlicher Treffpunkt für Pärchen, die ungestört und vielleicht auch unerkannt bleiben wollten. Eine Brücke wurde gebaut, über die das Weerthchen ausschließlich betreten werden durfte – gegen ein Brückengeld von einigen Pfennigen pro Person –, es wurden Aufseher eingestellt, die unter anderem darauf zu achten hatten, daß die Pflanzen unberührt blieben und daß das Badeverbot eingehalten wurde.« (Häfen in Köln, S. 25)

Die Insel »Weerthchen« mit Holzwerft, die dem Hafen weichen mußte (Zeichnung um 1850)

entlang der nördlichen Stadtmauer zu errichten. Doch die Arbeit ging so schleppend voran, daß der Hafen bei seiner Vollendung in den 1840er Jahren den damaligen Ansprüchen schon nicht mehr genügte. Die inzwischen preußische Stadt Köln entschied daraufhin, die circa zehn mal vierzig Meter große Insel »Weerthchen« vor dem Bayenturm zum Hafen auszubauen.
1849 wurde das südliche Ende der Insel mit dem Festland verbunden, so daß eine Halbinsel entstand. Im geschützten Seitenarm des Rheins wurden erste Hafenanlagen gebaut; ein Teil der Insel blieb noch als Ausflugsort erhalten. Mit dem vollständigen Hafenausbau in den 1890er Jahren verlor die Bevölkerung in den südlichen Stadtteilen schließlich ihr beliebtes Naherholungsgebiet. Die Einweihung des Rheinauhafens fand am 14.5.1898 statt.

Frauenarbeit im Umkreis des Hafens

Der Rheinauhafen wurde zu einem wichtigen Arbeitgeber. Männer fanden in vielfältigen Positionen einen Broterwerb, von Frauen war zunächst nicht die Rede. Im Hamburger Hafen waren sie auf den Speicherböden beschäftigt, wo sie die hydraulischen Winden bedienten, um Waren hochzuziehen. Ähnliche Hilfstätigkeiten haben vielleicht auch Kölner Frauen übernommen; ganz sicher waren sie für das Putzen zuständig.

Schon um die Jahrhundertwende etablierte sich das Prostitutionsgewerbe im Hafenviertel – besonders in der engen Nächelsgasse und im Katharinengraben. Im Umkreis des Hafens mit seinen nahegelegenen Lagerhallen waren neben den Hafenarbeitern auch viele Tagelöhner und Matrosen anzutreffen, die die Dienste der Prostituierten gern in Anspruch nahmen. Die Frauen lebten und arbeiteten oft in Absteigequartieren ohne eigene Wohnung; die Wirtinnen bzw. Vermieterinnen profitierten somit vom Liebesgewerbe. Unter den Prostituierten befanden sich viele Kellnerinnen und Fabrikarbeiterinnen, die wegen ihres geringen Lohnes eine zusätzliche Einnahmequelle benötigten, insbesondere wenn sie eine Familie zu ernähren hatten. Auch entlassene Dienstmädchen arbeiteten in diesem Gewerbe, vor allem diejenigen, die wegen einer Schwangerschaft ihre Arbeit verloren hatten. Ihre sogenannte »Verfehlung« war in ihr Gesindebuch eingetragen worden, so daß es den betroffenen Frauen unmöglich war, wieder eine »anständige« Stellung zu finden. Viele kamen aus ländlichen Gegenden und trauten sich

Im weiteren Umkreis des Hafens lagen Marktschiffe am Ufer. (um die Jahrhundertwende)

nicht, mit einem unehelichen Kind zurückzukehren. Für manche der »gefallenen Mädchen« blieb die Prostitution der letzte Ausweg.

Ein traditionell weiblicher Arbeitsbereich war die Verpflegung, dazu gehörten die Trink- und Milchhallen auf den verschiedenen Hafengeländen. Im Verwaltungsdeutsch hießen sie damals »Selterswasser-Häuschen«. Seit Anfang des Jahrhunderts gab es mehrere Hallen, in denen nur alkoholfreie Getränke ausgeschenkt werden durften: an der Drehbrücke am Malakoffturm (bis 1911), an der Leyenstapelwerft, der Frankenwerft und der Trankgassenwerft, an der Kunibertsrampe, am Niederländer Ufer (seit 1915) und an der Mülheimer Schiffsbrücke. Überliefert sind vier Namen von Frauen, die in den ersten zwei Jahrzehnten eine oder mehrere Hallen gepachtet hatten. Jedoch nur in den Milchhallen durften Frauen arbeiten. Denn im Pachtvertrag mit der Stadt Köln war ausdrücklich festgelegt, daß nur dort weibliche Bedienung gestattet war. Das bedeutete für die Pächterinnen, daß sie selbst nicht im Ausschank tätig sein konnten, wenn sie Mineralwasser und Limonade anboten. Solche willkürlichen Einschränkungen begleiteten die Frauenerwerbsarbeit über Jahrhunderte und machten den Betroffenen das Leben schwer.

Hilfsarbeiterinnen im Ersten Weltkrieg: erst angefordert – dann »überzählig«

Im Ersten Weltkrieg wurde die geschlechtsspezifische Arbeitsteilung vielfach aufgehoben. Als Ersatz für die eingezogenen Männer mußten Frauen zwangsweise traditionelle Männertätigkeiten übernehmen, wozu auch die harte Arbeit im Hafen zählte. Frauen wurden ab 1916 als Heizerinnen von Lokomotiven, als Kranführerinnen, Weichenstellerinnen, Weichenreinigerinnen oder Maschinenwärterinnen eingestellt. Sie hatten sich zuvor einer ärztlichen Untersuchung zu unterziehen, und einige von ihnen mußten auch ein polizeiliches Führungszeugnis vorlegen. Viele Arbeitgeber zweifelten an der Leistungsfähigkeit von Frauen. Sicherlich bekamen auch die Kölner Hafenarbeiterinnen diese Vorurteile zu spüren.

Die Frauen wurden damals stets als Hilfsarbeiterinnen eingestellt, sie waren Arbeitskräfte zweiter Wahl. Je nachdem, welche Tätigkeit sie verrichteten, erhielten sie eine kurze Unterweisung und mußten eine Prüfung ablegen. 1917 betrug ihr täglicher Verdienst 4,25 Mark plus circa zwei Mark Kriegszulage und eine zehnprozentige Teuerungszulage. Männliche Hilfsarbeiter sind zu dieser Zeit zum gleichen Lohn eingestellt worden. Daß dieser Lohn niedriger war als in der Industrie, erklärt die recht hohe Fluktuation unter den Arbeiterinnen. Vielfach waren es Ehefrauen, die zum Teil zuvor keinem außerhäuslichen Erwerb nachgegangen waren. Manch eine mag mit der Umstellung auf das Arbeitsleben nicht klargekommen sein. Vermutlich waren viele überfordert und litten unter der Doppelbelastung als Mutter und Arbeiterin.

Die Tagesschicht am Hafen endete erst um neunzehn Uhr, so daß kaum noch Zeit zum Einkaufen blieb. Es fällt auf, daß unter den unentschuldigt Fehlenden fast nur Frauen zu finden sind. Nachträglich erklärten sie, krank gewesen zu sein. Unter ihnen war eine Hilfsheizerin, die 1917 eine Geldstrafe von fünfzig Pfennig zahlen mußte, weil sie ohne Entschuldigung mehrere Tage vom Dienst ferngeblieben war. Als sie kurz darauf wieder zwei Tage fehlte, mußte sie als Disziplinierungsmaßnahme eine Mark Strafe zahlen.

Die Hafenverwaltung kündigte während des Krieges Frauen nur in Ausnahmefällen, da großer Mangel an Arbeitskräften herrschte.

Einfahrt zum Rheinauhafen zwischen Malakoffturm (Bildmitte) und Hafengebäude (links, um 1900)

Wenn auch die Arbeitsbedingungen hart waren, so sollten die Arbeiterinnen nicht vergrault werden. Als eine der Heizerinnen trotz Verbots eine Lokomotive aus dem Schuppen fuhr, um den dahinter stehenden Lokomotiven Platz zu machen, überfuhr sie versehentlich eine verschlossene Weiche und beschädigte sie. In einer Vernehmung wurde ihr die alleinige Schuld für den Schaden zugesprochen; üblicherweise hätte sie die Kosten für eine Reparatur ganz tragen müssen. Aus der Befürchtung, daß sie kündigen könnte, wurde ihr »nur« ein Teil der Kosten auferlegt, was ihr Haushaltsbudget mit Sicherheit trotzdem entscheidend schmälerte.

Die Arbeit im Hafen war nicht ungefährlich, und es kam wiederholt zu Unfällen. So wurde die Hilfsheizerin Roth 1917 in folgenden Unfall verwickelt: »Eine Abteilung Wagen lief auf die im Gleis stehende Lokomotive, auf welcher sich die Roth befand, auf. Hierdurch ist die Roth mit dem Rücken gegen den Bremshebel geworfen worden.« (Bestand 792/Nr. 118) Sie hatte sich dabei eine Verletzung zugezogen und war zwei Wochen krank geschrieben. Danach kündigte sie. Wesentlich dramatischer endete ein Vorfall im August 1918. Als Arbeiter Baumstämme ins Wasser warfen, fiel eine Hilfsheizerin an der Frankenwerft aus ungeklärten Gründen in den Rhein und ertrank. Hunger und Erschöpfung haben möglicherweise zu ihrem Tod beigetragen, denn die Ernährungslage der Bevölkerung war im letzten Kriegsjahr katastrophal.

1917 waren im Kölner Hafen 114 Arbeiter und 54 Arbeiterinnen beschäftigt. Nach Kriegsende wurden fast alle Frauen wieder aus ihrer Arbeit verdrängt. Die Hafenverwaltung kündigte den meisten Arbeiterinnen im Januar 1919, als Entlassungsgrund wurde »entbehrlich«, »überzählig«, aber auch »ungeeignet« angegeben. Männliche Hilfsarbeiter wurden ebenfalls entlassen. Von den Kündigungen waren sowohl verheiratete als auch unverheiratete Frauen betroffen – ebenso solche, die in Frauenbranchen arbeiteten. Frau Scheid, die im Januar 1917 als Telefonistin eingestellt worden war, erhielt ihre Entlassung zwei Jahre später »wegen Einstellung eines Kriegsbeschädigten«. Im Dezember 1919 waren nur noch zwei Arbeiterinnen im Hafen beschäftigt.

Die Angestellte: ein neuer Frauentyp

In der Weimarer Republik wurden Frauen auch im Hafen wieder eingestellt, nachdem die Kriegsinvaliden mit Arbeit versorgt waren – und zwar als Angestellte. Schon Ende des neunzehnten Jahrhunderts hatten Frauen Zutritt in Angestelltenberufe gefunden. In Köln als rheinischer Handelsmetropole war der Bedarf an weiblichen Arbeitskräften für untergeordnete Tätigkeiten im Handel und im Dienstleistungssektor besonders groß. 1907 waren 12.601 Frauen im Handelsgewerbe tätig, fast vierzig Prozent der in dieser Branche Beschäftigten. Ein Grund war sicherlich, daß den Frauen ein geringerer Lohn gezahlt wurde als Männern.

Diese Entwicklung wurde nach dem Ersten Weltkrieg weiter gefördert, so daß von einer Verweiblichung des Angestelltenstandes die Rede war. Sekretärin und Kontoristin waren weitverbreitete Frauenberufe, die besonders bei jungen Frauen beliebt waren, denn sie symbolisierten einen neuen Frauentyp. Im Rheinauhafen war bereits um die Jahrhundertwende ein Postamt eingerichtet worden. Auch hier wird es das bekannte »Fräulein vom Amt« gegeben haben, das die Telefonverbindungen herstellte. Auf dem Hafengelände waren außer dem Hafenamt verschiedene andere Ämter untergebracht: das Zollamt, das Hauptsteueramt und das Proviantamt, das spätere Reichsverpflegungsamt. Dort wurden Frauen als Stenotypistin, Sekretärin und im kaufmännischen Bereich beschäftigt.

Rechtlos und »rassisch minderwertig«: Zwangsarbeiterinnen bei Ford

Meine persönliche Nummer lautete 872. Es gab nur eine mit Sägespänen ausgestopfte Matratze, und das war unser ganzes Bett. Die Nahrungsmittelversorgung war sehr schlecht. Wir waren ständig hungrig. Wegen einer Tüte Kartoffeln, die ich aus der Kantine entwendet hatte, wurde ich geschlagen und in den Karzer gesperrt.« (Zwangsarbeit, S. 26) Was Anna Wassiljewna beschreibt, war kein Einzelfall. Im nationalsozialistischen Deutschland litten besonders Arbeitskräfte aus der Sowjetunion unter extremer Ausbeutung und brutaler Behandlung.

Nach dem Überfall auf die Sowjetunion im Juni 1941 wuchs die Zahl der ausländischen ZwangsarbeiterInnen stark an – auffallend hoch war der Frauenanteil. Je niedriger ein Volk in der NS-Rassenhierarchie stand, desto mehr Frauen wurden zur Zwangsarbeit herangezogen. Sie sollten keine Gelegenheit haben, Kinder auf die Welt zu bringen. Im Arbeitsamtsbezirk Köln gab es 1944 circa 28.000 ZwangsarbeiterInnen, davon 41 Prozent aus der Sowjetunion. Sie wurden hauptsächlich in der Landwirtschaft und der Industrie eingesetzt. Die meisten wohnten in Lagern, die entweder auf dem Fabrikgelände oder in Gaststätten errichtet waren. In Köln gab es mindestens 250 Lager, das größte war bei Ford mit durchschnittlich zweitausend Personen.

Durch die Umstellung auf Kriegsproduktion gehörte Ford neben Opel und Daimler zu den wichtigsten Lkw-Lieferanten der Wehrmacht. Dies führte zu einer enormen Produktions- und Gewinnsteigerung. Das Werk benötigte mehr Arbeitskräfte, doch viele arbeitsfähige Männer waren zur Front eingezogen worden. Frauen sollten diese Lücke füllen, aber erst gegen Ende des Krieges wurde eine Arbeitspflicht für alle Frauen im Alter von siebzehn bis fünfundvierzig Jahren eingeführt. Entgegen wirtschaftlicher Notwendigkeiten hielt Hitler an dem Propagandabild der deutschen Hausfrau und Mutter fest. Dieses Dilemma lösten die Nationalsozialisten, indem sie massenhaft ausländische Arbeitskräfte aus den besetzten Gebieten nach Deutschland deportierten.

Behandlung nach rassistischen Kriterien

Einem Protokoll der Beiratssitzungen der Ford-Werke ist zu entnehmen, daß im Juli 1943 50 Prozent ausländische Arbeitskräfte beschäftigt waren – darunter 1.200 aus Rußland. Sie hätten sich, soweit sie »Industriearbeiter« waren, überraschend schnell eingelebt, ihre Arbeitskraft betrage im Durchschnitt etwa neunzig Prozent einer normalen deutschen Belegschaft in Friedenszeiten. »Für die ausländischen Arbeiter wird besonders gekocht», heißt es im Protokoll. »Die Unterbringung sei in einer inzwischen besonders gebauten Barackenstadt erfolgt. Es seien fünf verschiedene Küchen je nach der Nationalität eingerichtet, Entbindungsanstalten eingerichtet, Säuglingsheime gegründet und dergleichen mehr.« (zitiert nach Zwangsarbeit, S. 25)

Das klingt nach besonderer Fürsorge für die »Fremdarbeiter«, doch die Realität stand in krassem Gegensatz zu dieser Beschreibung. Die Behandlung der ZwangsarbeiterInnen erfolgte entsprechend der »rassischen« Einordnung. Das bedeutete für die Menschen aus den östlichen

Russische Zwangsarbeiterinnen aus Rostow am Dom auf dem Ford-Gelände. In der 2. Reihe rechts außen: Elsa Iwanowa-de-Meyer, die eine Klage gegen die Ford-Motor-Company einreichte.

Ländern extremste Ausbeutung. Anna Wassiljewna aus der Ukraine, die mit siebzehn Jahren nach Köln verschleppt wurde, schreibt über das russische Lager bei Ford: »Unser Lager war umzäunt und wurde bewacht. Wir wurden wie Kriegsgefangene behandelt; die Lagerordnung war streng und grausam. (...) Wir hatten ständig Angst, wir konnten uns an niemanden wenden, ringsum gab es Polizeibewachung.« (Zwangsarbeit, S. 26)

Frauen, die sich in späteren Jahren zu ihrer Zeit bei Ford äußern, sprechen wenig über die Arbeit. Eine berichtet, daß sie am Fließband Autoteile montierte; eine andere erzählt, daß sie Zündkerzen polierte; ihre Freundin mußte Öffnungen in die Motorhauben bohren, eine körperlich sehr schwere Arbeit. Doch die brutale Behandlung und der Hunger waren anscheinend schlimmer, sie blieben den Frauen zumindest stärker im Gedächtnis. Inna Efinowna Kulagina berichtet, daß sie aus der Kantine Kartoffelschalen bekam, die sie an den Ofen klebte und aß, wenn sie gar waren. Als besonders schlimm hat sie die Nachtschichten in Erinnerung: »Ich bin nachts fast eingeschlafen, ich hatte Angst, daß ich mir die Finger an der Maschine abschneide, und ich fühlte schon, daß ich einschlafe. Ich lief hoch auf die Toilette. Aber wir haben die Hosen nicht heruntergezogen, sondern nur so dagesessen und haben in Wirklichkeit geschlafen. Der Meister sah, daß ich verschwunden war, und ging zur Toilette. Er öffnete die Tür, und ich sitze da, das genügte schon. Da schlug er mich stark aufs Sonnengeflecht und schleifte mich die Treppe runter. Ich verlor das Bewußtsein ...« (Zwangsarbeit, S. 52f.)

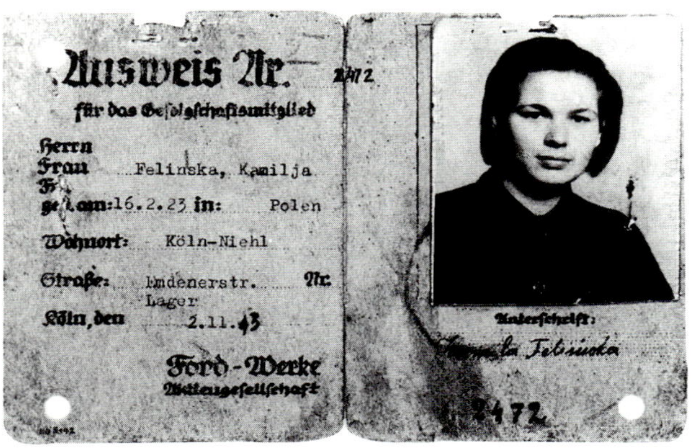

Wie sehr sich die Behandlung je nach Nationalität unterschied, erlebte Kamila Felinska am eigenen Leibe. Als Polin ohne Papiere wurde sie zunächst wie eine Russin behandelt und ins russische Lager geschickt; erst als sie ihre Nationalität beweisen konnte, kam sie ins sogenannte Franzosenlager, weil es keine polnische Baracke gab.

Dort herrschte zwar auch keine Freiheit, aber den Unterschied beschreibt sie wie Tag und Nacht. Das Lager wurde nicht bewacht, sie konnte es nach der Arbeit verlassen. »Das war schon ein ganz anderes Leben, wir haben sogar abends getanzt, es gab Kaffee. Das war deswegen so, weil die Franzosen vom Roten Kreuz Pakete bekamen. Es gab dort besseres Essen.« (Zwangsarbeit, S. 84)

Geburten und Säuglingssterblichkeit

Für westliche Zwangsarbeiterinnen galt im Gegensatz zu den östlichen der Mutterschutz. Im Franzosenlager gab es auch zwölf Binden monatlich, während die Russinnen gar keine bekamen. Eine Frau berichtet, daß viele junge Russinnen aufgrund der Unterernährung und schweren Arbeit gar keine Monatsblutungen mehr hatten. Dennoch kam es zu Schwangerschaften. Manche Frauen wurden in der Schwangerschaft mißhandelt. Ein ehemaliger Lehrling von Ford sah, wie ein Vorarbeiter eine schwangere Russin in den Bauch trat. Der Betriebsarzt von Ford wurde nach 1945 beschuldigt, Abtreibungen bei Russinnen vorgenommen zu haben. Trotz der harten Lebensbedingungen kamen viele Kinder zur Welt. Männer und Frauen lebten zwar in getrennten Baracken und durften sich eigentlich nicht besuchen, doch hielten sich viele Männer nicht an dieses Verbot und gingen abends heimlich zu den Frauenbaracken. Anna Obuchowskaja erzählt in einem Interview, daß sie bei diesen Treffen ihren späteren Mann kennenlernte und sich in ihn verliebte. Bald darauf merkte sie, daß sie schwanger war, was sie zunächst erschreckte. Unter den brutalen Lebensbedingungen in Deutschland, fern der Familie die erste Schwangerschaft und Geburt zu erleben – das bedeutete für die junge, unerfahrene Frau eher Unglück als Glück. »Es war mir unheimlich, aber ich habe gesehen, daß andere Russinnen Kinder bekommen, und hatte keine Angst mehr.« (Interview)

Während der Schwangerschaft und der Geburt erhielt sie keine medizinische Betreuung. Das Arbeiten bis kurz vor der Entbindung fiel ihr schwer, doch kam es ihr nicht in den Sinn, den Betriebsarzt aufzusuchen. 1943 brachte sie ihr Kind in einer Baracke, die im Protokoll des Beirates beschönigend als »Entbindungsheim« bezeichnet wurde, zur Welt. Ihr Glück war es, daß sich unter den russischen Zwangsarbeiterinnen eine Krankenschwester befand, die ihr während der Geburt beistand. Offiziell stand ihr auch eine deutsche

Hebamme zur Seite, doch kam diese während der Wehen nur gelegentlich zu ihr und war bei der Geburt selbst nicht anwesend. Sechs Tage später mußte die Russin wieder arbeiten, zunächst »nur« acht Stunden. In der Pause konnte sie ihre Tochter stillen, was sicherlich im Sinne der Ford-Werke war, denn so sparte der Betrieb die Babynahrung. Anna Obuchowskaja erinnert sich, daß außer ihr noch ungefähr zehn Russinnen und drei Ukrainerinnen Kinder hatten, die tagsüber in einer werkseigenen Krippe für Zwangsarbeiterkinder untergebracht waren. Nicht immer verlief für Mutter und Kind alles so glimpflich wie im geschilderten Fall: Die Säuglingssterblichkeit unter den ausländischen Kindern war sehr hoch. In ganz Köln starben von Anfang 1943 bis Anfang 1945 laut einer Liste des Westfriedhofs 543 russische und polnische Kinder, von denen einige auch in den Ford-Werken geboren worden waren.

Verdrängung

Zwar überlebten die meisten Frauen die Strapazen in Deutschland, doch mußten viele ihr Leben lang mit den Folgen kämpfen. Den sowjetischen ZwangsarbeiterInnen stand nach der Befreiung oft ein hartes Schicksal bevor, weil ihnen in der Heimat Kollaboration vorgeworfen wurde und sie zum Teil in russische Lager gebracht wurden. Viele Frauen trauten sich aus Angst vor Repressalien nicht, von ihrer Zwangsarbeit zu erzählen. Olga Kotkina berichtet: »Ende April wurden wir von den Amerikanern befreit und der Sowjetarmee übergeben, allseitig untersucht und verhört. In unserer Heimatstadt verhörte man uns wieder, man hielt uns beinahe für Verräter, obwohl wir damals im Jahre 1942 schutzlose Kinder waren. Mehrere Jahre waren wir minderwertige Bürger. Um an der Hochschule zu studieren, mußten wir unsere Vergangenheit verheimlichen. Viele von uns heirateten nicht nach dem Ruf der Liebe. Die Männer, die eine Karriere machen wollten, konnten sich nicht entschließen, so eine Frau zu heiraten.« (Zwangsarbeit, S. 101)

Inna Kulagina: »Kurz gesagt, die Deutschen verschleppten uns, und dann haben unsere eigenen Leute geglaubt, daß wir Volksfeinde wären. Jetzt fing es wieder an, ich mußte wieder lügen (Zwangsarbeit, S. 58)

Auf deutscher Seite wurde ebenfalls verdrängt – wenn auch aus anderen Gründen. Die Frage der finanziellen Entschädigung ist heute noch immer ungeklärt, denn die beteiligten Firmen stellen sich bis auf wenige Ausnahmen nicht ihrer Verantwortung. Die Ford-Werke haben für humanitäre Hilfe bislang 20.000 DM zur Verfügung gestellt – das ist ein Tropfen auf den heißen Stein. Zwar trafen die Regierungen der betroffenen Länder mit der Bundesrepublik Vereinbarungen über Entschädigungen, doch die Überlebenden selbst erhielten oft nicht das versprochene Geld. Mittlerweile ist auf Initiative verschiedener Opferverbände und der Bundesregierung ein Entschädigungsfonds deutscher Unternehmen in die Wege geleitet worden; die Ford-Werke gehören jedoch nach Auskunft der Zeitschrift »Gegen Vergessen« nicht zu denen, die ihre Bereitschaft zur Mitarbeit signalisierten (Stand März 1999).

Ehemalige weißrussische Zwangsarbeiterinnen von Ford tragen sich 1998 während ihres Kölnbesuchs in das Gästebuch der Stadt ein.

Im März 1998 hat Elsa Iwanowa-de-Meyer eine Sammelklage gegen die Ford-Motor-Company in den USA eingereicht. Sie war mit Unterbrechungen von Oktober 1942 bis März 1945 in Köln bei den Ford-Werken eingesetzt und fordert stellvertretend für alle ZwangsarbeiterInnen eine Entschädigung, die der geleisteten Arbeit entspricht. Der Muttergesellschaft wird vorgeworfen, auch während der Kriegszeit die Kontrolle über das Tochterunternehmen in Köln ausgeübt und von der Zwangsarbeit profitiert zu haben.

(Interviews mit ehemaligen Zwangsarbeiterinnen, NS-Dokumentationszentrum.)

Das Schicksal der Kindsmörderinnen

Wandel der Moralvorstellungen

Am 14. Dezember 1591 wurde die Kölner Dienstmagd Merg im Rhein ertränkt, weil sie ihr neugeborenes Kind umgebracht hatte. Auf der Höhe der Salzgasse fuhr der Henker mit ihr in einem Nachen auf den Fluß hinaus und stieß sie in die Fluten. Sie war nicht die einzige, die dieses Los traf. Seit dem sechzehnten Jahrhundert hatte die Obrigkeit ein besonderes Augenmerk auf dieses frauentypische Delikt. Noch im späten Mittelalter fiel Unehelichkeit kaum negativ auf, mindestens ein Drittel der Bevölkerung war unehelich geboren. Da für viele Menschen der unteren Schichten ein Heiratsverbot bestand – zum Beispiel gestatteten die Zünfte nur den Meistern zu heiraten – lebten sie in »Unehe«, d.h. ohne kirchlichen Segen zusammen.

Unverheiratete Frauen hatten Anspruch auf Kindbettgeld vom Kindsvater und konnten vielfach eine finanzielle Entschädigung für die verlorene Jungfernschaft geltend machen, wenn der Kindsvater sie nicht heiratete. »Mann« schämte sich nicht seiner unehelichen Kinder. So berichtet der Kölner Ratsherr Hermann von Weinsberg im sechzehnten Jahrhundert, daß er in jungen Jahren eine Magd seiner Mutter geschwängert hatte. Seine Eltern scholten ihn zwar deswegen, dennoch sorgten sie für die Taufe und eine gute Pflege des Kindes. Weinsberg schreibt dazu: »Alle Kramkosten [Wochenbettkosten, d. Verf.] hab ich geben müssen und anderen Unterhalt der Mutter und jährlich sechzehn Gulden fürs Aufziehen des Kindes, und hab dazu noch Zank und Schaden von meiner Mutter gehabt.« (Das Buch Weinsberg, S. 168) Er verleugnete aber seine Tochter nicht und hatte noch in späteren Jahren Kontakt zu ihr. Hier zeigt sich noch eine gewisse Verantwortung für Mutter und Kind, auch wenn von Weinsberg sie nicht gerade freudig übernahm.

Öffentliches Auspeitschen: eine Form der Bestrafung unehelicher Mütter (Radierung von Chodowiecki um 1782)

Der Ausgang des Mittelalters war für viele eine schwierige und lebensbedrohliche Zeit, die vom Kampf gegen Pest, Hungersnöte und Syphilis geprägt war. Die Menschen suchten daher Halt in einer sittenstrengen Ordnung. So etablierte sich im sechzehnten Jahrhundert – im Übergang zur Neuzeit – das kirchliche Ehemodell, das die Ehe als einzigen legitimen Ort der Kinderzeugung ansah. Unverheiratete Mütter waren verstärkt Diskriminierungen ausgesetzt, in manchen Städten mußten sie sich an eine spezielle Kleidervorschrift halten. Uneheliche Schwangerschaften und sogar unehelicher Geschlechtsverkehr galten nun als Unzuchtsdelikte und fanden im Laufe des sechzehnten Jahrhunderts Eingang in das Strafrecht. Das

bedeutete für die ledigen Mütter oft Stadtverweisung, wahrscheinlich weil die Städte eine finanzielle Unterstützung vermeiden wollten. Auch unehelich Geborene wurden zunehmend benachteiligt. So galt zum Beispiel seit 1506 bei den Kölner Frauenzünften die Regelung, daß nur eheliche Mädchen und Frauen als Lehrtöchter aufgenommen werden und das Seidengewerbe erlernen konnten.
Bis zum sechzehnten Jahrhundert wurden Kindsmörderinnen nur selten von der Obrigkeit verfolgt und verurteilt. Der Wandel in Hinblick auf Moral und Sexualität kommt in der Gerichtsordnung Karls V. von 1532 deutlich zum Ausdruck. Sie legte erstmalig verbindlich fest, daß eine der Strafen für Kindstötung das Ertränken war. Dies war eine Todesstrafe, die primär bei Frauen angewandt wurde.

Menschliche Einsamkeit

In den Kölner Turmbüchern, in denen Gerichtsverfahren protokolliert wurden, sind über einen Zeitraum von fünfzig Jahren aus dem letzten Drittel des sechzehnten und zu Beginn des siebzehnten Jahrhunderts fünf Fälle von Kindstötungen verzeichnet. Einer von ihnen ist nur unvollständig erhalten, die vier anderen Fälle endeten mit der Todesstrafe, dem Ertränken im Rhein. In anderen Städten war die Zahl der Ertränkten unwesentlich höher.

Kennzeichnend für das Delikt war das Verschweigen der Schwangerschaft und die meist allein ausgeführte Tat. Bei den Täterinnen handelte es sich überwiegend um Dienstmägde oder Gelegenheitsarbeiterinnen aus der Unterschicht. Sie lebten am Rande des Existenzminimums, ohne den Beistand des Kindsvaters und waren meist ohne Familie auf sich allein gestellt und menschlich isoliert. Aus Angst vor Diskriminierung verheimlichten sie die Schwangerschaft, und so mußten sie auch die Geburt oft allein bewältigen, falls ihr Zustand unbemerkt blieb. Aus dieser Situation, die die Frauen physisch und psychisch stark belastete, konnte sich eine Eigendynamik entwickeln, die zur Kindstötung führte. Einige Frauen wollten ihr Kind zunächst verstecken und erstickten es dabei, andere töteten es sofort, indem sie es in den Abort oder in einen Graben warfen. Ihre Tat war in jedem Fall ein Zeichen extremer Ratlosigkeit und Hilflosigkeit.

Aus den Turmbüchern:

»Auf Dienstag, den 19. November 1591, haben Tryn, Ehefrau des Messermachers Jacob von Deutz (…) und schließlich Agnes Moren, die alle in einem Haus hinter der Äbtissinnenküche wohnen, auf dem Frankenturm folgendes bezeugt. Als sie ungefähr vor sieben oder acht Wochen von anderen gehört hätten, daß die verhaftete Merg, die bei ihnen im Hause wohnte, schwanger sein sollte, hätten die Zeuginnen dieselbe vernommen und ihr das vorgehalten. Da hätte besagte Merg sich zum höchsten Gott verschworen und gesprochen, sollte ich ein Kind tragen, ich möchte den Teufel tragen. Sie hätte auch ferner zum Hund gesprochen: Schütz, komm her, wenn ich ein Kind trage, das mußt du gemacht haben, denn du schläfst mir zu Füßen. Dabei sei sie verblieben und sie hätten nicht bemerken können, daß sie schwanger war. – Sie, die Zeugin Agnes, hätte auch mit der Verhafteten auf einer Kammer, nicht aber auf einem Bett geschlafen und von dem Gebären nichts vernommen.«

Als später ein toter Säugling mit Hals- und Kopfverletzungen im Abtritt gefunden wurde, lief Merg davon, sie wurde jedoch bald darauf verhaftet.

»Gefragt, was die Ursache zu ihrer Verhaftung sei, antwortete sie, sie hätte ein großes Unglück gehabt, weil sie von einem Gesellen mit Namen Johann, der zu Deutz gearbeitet habe, schwanger geworden. Die rechte Zeit der Geburt habe sie noch nicht erreicht gehabt. Morgen vor vierzehn Tagen, in der Nacht von Donnerstag auf Freitag, in der sie abends bis zehn oder elf saß und arbeitete, sei ihr des Nachts um zwei Uhr sehr wehe und bang geworden, sodaß sie im Bett aufgefahren sei. Darüber sei ihr das Kind unversehens entfallen und auf das Haupt gestürzt. Sie habe sich deshalb so sehr erschrocken, daß auch sie niedergefallen sei und eine Zeitlang halb ohnmächtig auf der Erde liegen blieb. Als sie im folgenden wieder zu sich kam, sei das Kind tot gewesen. Sie habe es nicht umgebracht.

[…]

Nota: Diese vorstehende Merg ist am folgenden Samstag, den 14. Dezember durch Schöffenurteil condemniert und wegen ihrer Untat, daß sie ihr eigenes Kind umgebracht, am Rhein bei der Salzgasse aufs Wasser geworfen und ertränkt worden.«

(zitiert nach Schwerhoff 1993, S. 456ff.)

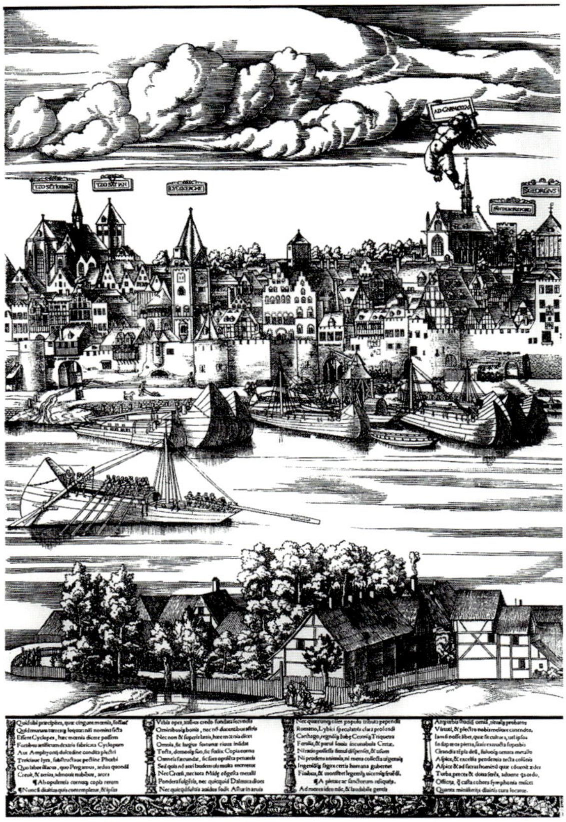

Durch das Salzgassentor (rechts) führte der Scharfrichter wahrscheinlich die Delinquentin zum Rhein. (Ausschnitt aus der Großen Stadtansicht von Woesam um 1531)

In den Kölner Fällen gab es keine Gnade für die Kindsmörderinnen, sie mußten im Rhein sterben. Der Scharfrichter fuhr in einem kleinen Boot mit der Delinquentin bis zur Mitte des Rheins. Die Frauen hinterließen keine Spur: Ihre Leichen wurden fortgeschwemmt, und so erhielten sie kein Begräbnis. Das stellte eine Ausgrenzung über den Tod hinaus dar.

Auswirkungen bis ins zwanzigste Jahrhundert

Die Todesstrafe diente als Abschreckung für alle Frauen, sich nicht »unsittlich« bzw. »unmütterlich« zu verhalten, betraf aber vor allem Frauen aus der Unterschicht. Die Disziplinierung richtete sich ausschließlich gegen Frauen. Die Kindsväter, die die Frauen im Stich gelassen hatten, kamen meistens ungeschoren davon. Die brutale Bestrafung sollte einerseits sexuellen Verkehr außerhalb der Ehe unterbinden und andererseits die Institution der Ehe stärken. Die Gerichtsordnung Karls V. galt im Rheinland im wesentlichen bis zur französischen Besatzung Ende des achtzehnten Jahrhunderts. Die Aufhebung der Todesstrafe erfolgte erst zu einem Zeitpunkt, als Moral und Ehe bereits so stark verankert waren, daß eine Lockerung der Strafpraxis ihren Stellenwert in der Gesellschaft nicht gefährden konnte.

Über die Zahl der Kölner Kindstötungen in späteren Jahrhunderten gibt es keine Angaben. Der Status der unverheirateten Schwangeren war jedoch noch lange Zeit von rigiden Moralvorstellungen und Diskriminierungen geprägt. Es ist bekannt, daß schwangeren Dienstmädchen im neunzehnten Jahrhundert meist sofort nach Sichtbarwerden ihres Zustandes gekündigt wurde, selbst – oder gerade dann – wenn der Hausherr bzw. Sohn der Kindsvater war. Die Väter erkannten ihre unehelichen Kinder nicht mehr an. Die betroffenen Frauen blieben unversorgt und ohne Hilfe zurück. Diese Situation war für manche Frauen so unerträglich, daß sie sich selbst ertränkten. Zu Beginn des zwanzigsten Jahrhunderts waren unter den fünfzehn- bis fünfundzwanzigjährigen Selbstmörderinnen über vier Prozent, die sich aus Verzweiflung über eine Schwangerschaft im Rhein umbrachten. Sie ertranken wie die zu Tode verurteilten Kindsmörderinnen in der Frühen Neuzeit – mit dem Unterschied jedoch, daß im zwanzigsten Jahrhundert die Todesstrafe dazu nicht mehr nötig war: Die Selbstzensur war so stark, und die Frauen hatten ihre »Schande« so sehr verinnerlicht, daß sie weder für sich noch für ihr Kind Lebenshoffnung hatten.

»Lästige Frauen«: Prostituierte

Es ist heute kaum vorstellbar, daß um 1800 französische Besatzungstruppen in Köln deutsche Frauen in ein Boot setzten, über den Rhein fuhren und sie am rechten Ufer aussetzten. Der Rhein bildete zu jener Zeit die Staatsgrenze. Viel ist nicht überliefert über derartige Vorfälle, doch waren die französischen Behörden gewiß froh, die Frauen losgeworden zu sein, denn es handelte sich bei ihnen um geschlechtskranke Prostituierte, die als unheilbar galten. So löste die Stadtverwaltung das Problem der Ansteckung, indem sie die kranken Frauen dem deutschen Feind schickte.

Stadtausweisungen

Der Rhein bildete im Laufe der Geschichte oft die Grenze zwischen zwei Staaten oder Fürstentümern; bei Köln stellte er Jahrhunderte lang die Grenze zwischen dem Herzogtum Berg und dem Kurfürstentum Köln dar. Als Grenzfluß war er Sinnbild für Zugehörigkeit oder Ausschluß aus einer Gemeinschaft. So war es schon seit dem Mittelalter Tradition, unbequeme Personen auf die andere Rheinseite ins fremde Territorium abzuschieben. Der Fluß diente aber nicht nur der Ausgrenzung, das jeweils andere Rheinufer bot Verfolgten auch Sicherheit.

Stadtausweisungen waren im späten Mittelalter und in der Frühen Neuzeit die häufigste Strafe, die jedoch nur in Ausnahmefällen über den Rhein erfolgte; in der Regel wurden die Ausgewiesenen durch eines der Stadttore aus Köln hinausbefördert. Betroffen davon waren überwiegend Randgruppen. Verglichen mit Haft- oder Leibesstrafen klingt es harmlos, wenn Menschen »nur« ausgewiesen wurden. Doch damit wurden sie ihrer Existenzgrundlage und ihrer sozialen Kontakte beraubt: Sie waren Ausgestoßene.

Wer wurde zu jener Zeit ausgewiesen? Es waren Menschen, die aus dem gewohnten Ordnungsbild fielen: ZigeunerInnen, BettlerInnen, JüdInnen, fahrendes Volk und StraftäterInnen. Außerdem gab es frauenspezifische Gründe für Ausweisungen: An erster Stelle ist Prostitution zu nennen, gefolgt von unehelicher Schwangerschaft bzw. Mutterschaft. Das harte Los traf also Frauen, die ohne den Beistand eines Mannes waren. Ein typisches Beispiel war die »dicke Bell«: Sie kam Ende des sechzehnten Jahrhunderts mit siebzehn oder achtzehn Jahren von Düsseldorf nach Köln. Weil sie keine Arbeit als Dienstmagd finden konnte, so berichtet sie, sei ihr nichts anderes übriggeblieben, als sich abends in den Gassen oder am Rheinufer von den Knechten und Tagelöhnern »gebrauchen« zu lassen. Aus diesem Grund wurde sie in einem der Stadttürme inhaftiert; sie war zu diesem Zeitpunkt hochschwanger. Zwar wurde sie bald wieder entlassen, mußte aber nach der Geburt des Kindes die Stadt verlassen. Bei ihr waren es gleich zwei Gründe, die zur Ausgrenzung führten: ihre »Unzucht« und ihre uneheliche Mutterschaft.

Restriktionen im Wandel

Solange Prostitution im Mittelalter als notwendig betrachtet wurde, waren Prostituierte in gewissem Rahmen akzeptiert. Seit dem Ende des vierzehnten Jahrhunderts änderte sich diese vergleichsweise tolerante Haltung. Durch Pest, häufige Kriege und Mißernten verarmten viele Menschen, und überlieferte Ordnungen lösten sich auf. Die daraus folgende Verunsicherung führte zu einer Rückbesinnung auf christliche Tugenden – gleichzeitig kam es zu verstärkten Reglementierungen. Erste Maßnahmen gegen die Prostituierten waren Kleiderverordnungen. Auf diese Weise waren sie von »ehrbaren« Frauen zu unterscheiden. Knapp ein Jahrhundert später folgte 1471 das Verbot, geschmückte und herausgeputzte Kleidung zu tragen, und 1591 war mit der Schließung des »Frauenhauses«, dem öffentlichen Bordell, jegliche Prostitution in Köln verboten.

1389 verordnete der Rat der Stadt Köln, daß die Dirnen in der Öffentlichkeit rote Schleier tragen mußten.

Obwohl das Gewerbe nun ganz in die Illegalität gedrängt worden war, waren die Kontaktzonen, an denen die Prostituierten ihren Freier begegneten, durchaus öffentliche Orte: vielbesuchte Plätze und Werften, an denen viele Auswärtige anzutreffen waren. Kurioserweise war auch die riesige Domruine eine der sogenannten Hurenpromenaden. Seit Mitte des sechzehnten Jahrhunderts wurde der Dom nicht mehr weitergebaut – dennoch oder gerade deshalb zog das monströse Bauwerk viele Fremde an und wurde zur Touristenattraktion. Außerdem lagen im älteren fertiggestellten Teil des Domes die Gebeine der Heiligen Drei Könige, so daß viele fromme Menschen zum Dom pilgerten. Für einige »Gläubige« muß es praktisch gewesen sein: Erst beteten sie zu den Heiligen, anschließend gaben sie sich den fleischlichen Genüssen hin und beichteten schließlich ihre »Sünde«.

Mitten auf dem Alter Markt stand die Kax, der Pranger mit Käfig. (Ausschnitt aus einer Zeichnung von Toussyn um 1660)

Während die Kontakte zu Prostituierten in der Öffentlichkeit aufgenommen wurden, dienten diskrete Plätze als Arbeitsstätten. Das waren versteckte, dunkle Gäßchen, die Lauben der zahlreichen Weingärten, Stadtgräben sowie Bögen und Nischen der Stadtmauer. Auch die unbebauten und unbeleuchteten Gegenden des Rheinufers waren bevorzugte Orte – aber nur bis zu einer bestimmten Uhrzeit, denn die Frauen mußten rechtzeitig wieder in der Stadt sein, bevor die Stadttore schlossen. Beliebt war es, im September nach Rodenkirchen zu »pilgern«, um die jährlich stattfindende Maternuskirmes mit ihren vielen Besuchern zum Kundenfang zu nutzen.

Die Obrigkeit ging mit sehr unterschiedlichen Strafen gegen die betroffenen Frauen vor. Neben Ausweisungen verhängte sie auch Ehren- und Leibesstrafen. Dazu zählte zum Beispiel eine Fahrt auf dem Henkerskarren: Begleitet von vielen Schaulustigen mußte sich die Straßendirne Cecilia 1571 durch die Stadt fahren lassen. Eine weitere Ehrenstrafe war das öffentliche Stehen am Pranger, der in Köln Kax hieß. Beide Strafen bewirkten, daß die Frau in der ganzen Stadt bekannt und geächtet war. Als Leibesstrafe wurde in erster Linie das Auspeitschen verhängt. Auch das »Backenbrennen«, bei dem der Frau mit einem heißen Eisen ein Mal auf das Gesäß gebrannt wurde, soll es in Köln gegeben haben.

Vorschriften des Polizeipräsidenten von 1876:
»Die wegen gewerbsmäßiger Unzucht der polizeilichen Aufsicht unterstellten Weibspersonen haben: 1) sich an jedem Samstag morgens 9 Uhr im Municipalgefängnis zur ärztlichen Untersuchung zu stellen. 2) von jedem Wohnungswechsel binnen 24 Stunden den betreffenden Polizei-Commisaren mündlich oder schriftlich Anzeige zu machen. Denselben ist verboten (...) 7) in öffentlichen Lokalen oder auf der Straße durch ihr Äußeres, Kleidung, Putz oder ihr Benehmen sich auffällig zu machen, Mannspersonen anzusprechen oder anzulocken und Ärgernis zu erregen. 8) sich während der 6 Sommermonate, d.h. von Anfang April bis Ende September von abends 9 Uhr ab und während der 6 Wintermonate d.h. von Anfang Oktober bis Ende März, von Abends 7 Uhr ab zu zeigen.« (zitiert nach Wevering, S. 20f.)

Im Verlauf des achtzehnten Jahrhunderts wurden Prostituierte, die gebürtige Kölnerinnen waren, nicht mehr ausgewiesen, sondern nach Verbüßen einer Haftstrafe in ein Arbeitshaus gebracht. Ziel der Strafe sollte die Besserung der Verurteilten sein. Während die früheren Strafen den Körper betrafen, gewann nun der Freiheitsentzug an Gewicht. Das führte auch zur zeitweisen Verwahrung in sogenannten Spinnhäusern, in denen Frauen zur Arbeit erzogen werden sollten. In einem Fall von 1762 gab das Gericht zwei jugendliche Prostituierte im Alter von fünfzehn und achtzehn Jahren ihren Eltern zurück, nachdem sie fünf Monate auf einem Stadtturm hatten arbeiten müssen.

Bis zur Einführung des Strafgesetzbuches von 1871 gab es kein einheitliches Vorgehen gegen Prostitution, die Maßnahmen wechselten zwischen Verbot, Kontrolle und Ghettoisierung. 1871 wurde die allgemeine Prostitution bei Haftstrafe untersagt und nur in bestimmten Fällen unter polizeilicher Kontrolle gestattet. Dazu gehörte eine wöchentliche Gesundheitskontrolle auf Geschlechtskrankheiten, die in Köln 1861 im Untersuchungshaus für Prostituierte einge-

Prostituierte in der Holzgasse (um 1900)

richtet worden war. Wie auch bei früheren Sanktionen galten die sanitären Untersuchungen nur für Frauen, nicht aber für die Freier.

Immer wieder werden im neunzehnten Jahrhundert Rheingassen erwähnt, in denen sich das Bordellwesen etablierte: nördlich des Bahnhofs zwischen Johannisstraße und Altem Ufer, bei Groß St. Martin im alten Marktviertel und in der südlichen Altstadt die Klappergasse und Holzgasse. Mit dem Ausbau des Rheinauhafens und der Werft in den neunziger Jahren des neunzehnten Jahrhunderts entstanden viele Arbeitsplätze, denn in der Nähe des Hafens wurden Fabriken und Lagerhallen gebaut. Hier waren Tagelöhner sowie fremde Schiffsleute anzutreffen, so daß sich die Gegend zum bevorzugten Arbeitsgebiet von Prostituierten entwickelte – besonders die Nächelsgasse, der Katharinengraben und die Kammachergasse.

Das Los der Frauen war hart: ständige Anfeindungen aus der Nachbarschaft, oft brutale Ausbeutung von Zuhältern, Geschlechtskrankheiten, polizeiliche Überwachung und wiederholte Festnahmen. Im Stadt-Anzeiger der Kölnischen Zeitung war 1896 mehrmals in der Woche nachzulesen, daß »Frauenspersonen« wegen Umhertreibens und wegen Aufenthalts in verdächtigen Häusern verhaftet worden waren. An manchen Tagen waren es »nur« ein oder zwei Frauen, an anderen Tagen zehn oder mehr. Wiederholt versuchten Prostituierte, sich im Rhein das Leben zu nehmen. So lesen wir im Stadt-Anzeiger vom 9.6.1896, daß »an der Schiffsbrücke eine unter sittenpolizeilicher Controlle stehende Person in den Rhein zu springen« versuchte. Sie »wurde aber mit Gewalt daran verhindert und zu ihrer eigenen Sicherheit wegen nach dem Polizeigefängnis gebracht«. Das Gefängnis war sicherlich nicht der geeignetste Ort für lebensmüde Menschen; dies stellte aber keine Diskriminierung von Prostituierten dar, mit männlichen Selbstmördern wurde genauso verfahren.

Die brutalste Unterdrückung erfuhren Prostituierte im Nationalsozialismus. Da sie ihre Dienstleistungen als Arbeit deklarierten und dafür Geld verlangten, anstatt sie den Männern gratis zu leisten, stellten sie das NS-Geschlechterverhältnis radikal auf den Kopf. Sie galten daher als »moralisch schwachsinnig«. Die Verordnung vom 15.12.1933 zum »Gesetz gegen gefährliche Gewohnheitsverbrecher« legalisierte Zwangssterilisationen angeblicher »Gewohnheitsverbrecher«. In Köln nahmen daraufhin Anträge des Gesundheitsamtes, Prostituierte und auch Strichjungen unfruchtbar zu machen, beachtlich zu.

Ab 1937 konnten Prostituierte in Vorbeugehaft gesteckt, ab 1939 im Falle einer Geschlechtskrankheit in einer Anstalt untergebracht werden. Das tragische Schicksal einer sogenannten »Sittendirne«, das in der Ausstellung »Köln im Nationalsozialismus« dokumentiert ist, zeigt den tödlichen Ausgang dieser Maßnahmen. Wegen zweimaligen leichten Diebstahls und weil sie bei nächtlichen Razzien zweimal nicht in ihrer Wohnung war, wurde sie als »Asoziale« in polizeiliche Vorbeugehaft genommen und am 27.8.1942 ins KZ Ravensbrück deportiert. Dort starb sie am 28.12.1944. Offizielle Todesursache: Lungentuberkulose.

»Lästige« Ausländerinnen

Seit dem neunzehnten Jahrhundert wurden Ausweisungen nicht mehr gegen einheimische Frauen angewandt: Nun waren es fremde, ausländische Frauen, die den Moralvorstellungen des Staates schutzlos ausgeliefert waren. Frauen fremder Nationalität mußten mit einer Ausweisung als »lästige Ausländerin« rechnen, wenn sie in den Verdacht der sogenannten öffentlichen Unzucht gerieten. Im Gegensatz dazu wurden aber keine ausländischen Männer ausgewiesen, nur weil sie die Dienste einer Prostituierten in Anspruch genommen hatten. Betroffen waren in erster Linie alleinstehende, arme Frauen.

Diese Praxis änderte sich auch im zwanzigsten Jahrhundert nicht. Es stellt sich die Frage, ob sich die Rechtslage der betroffenen Frauen grundsätzlich gebessert hat. Noch immer sind Migrantinnen, die als Prostituierte arbeiten, von Illegalisierung und Ausweisung bedroht, da ihr Beruf nicht offiziell anerkannt ist. Denn über ungeschützte Arbeitsverhältnisse läßt sich kein Aufenthaltsstatus ableiten.

Frauen im NS-Messelager

Natürlich stand jeder von uns, der sich um die Häftlinge kümmerte, selbst in höchster Gefahr. Und es war auch so, daß alle damals Typhus hatten. Ich habe die Wäsche der Typhuskranken nach Hause geholt und sie gewaschen, was ich in meinem Leben noch nie getan hatte ...«, erinnert sich Hanna Gerig. (zitiert nach Stankowski, S. 237) Sie war eine der ersten, die nach dem Zweiten Weltkrieg über das Messelager sprachen.

Die Kölner Messe diente während des Zweiten Weltkrieges als Lager für Kriegsgefangene, ZwangsarbeiterInnen, Gestapo-Gefangene und als Außenlager des KZ Buchenwald. Sie lag am Rheinufer mitten in der Stadt und war einem großen Teil der Kölner Bevölkerung wohlbekannt. Doch die NS-Geschichte der Messe war lange Jahre ein Tabu – nicht alle hatten ein so reines Gewissen wie Hanna Gerig. Im Messegelände waren auch Möbel und Hausrat der deportierten jüdischen Bevölkerung gelagert worden. Aus diesen Beständen konnten sich Ausgebombte, besonders solche mit Parteibeziehungen, bedienen.

Verschiedene NS-Lager im Messegelände

Sofort nach Kriegsbeginn richteten die Nationalsozialisten die ersten Messelager ein, im Laufe des Krieges wurden es immer mehr. Das hing sowohl mit der immer schärfer werdenden politischen Verfolgung als auch mit der heftigen Bombardierung Kölns zusammen. Als die Fliegerangriffe zunahmen, vermehrten sich die Trümmerschäden und Aufräumarbeiten. Die Parteiführung sah es als kriegswichtige Aufgabe, die Trümmer zu beseitigen, um einer Kriegsmüdigkeit der Bevölkerung vorzubeugen. Nach dem sogenannten »1000-Bomber-Angriff« im Mai 1942 waren die Schäden so groß, daß der Leiter des Gaus Köln-Aachen im ganzen Reich um Hilfe bei den Aufräumarbeiten bat. Er hatte erkannt, wie notwendig es war, angesichts der Zerstörungen die Stimmung in der Bevölkerung zu heben.

Im Oktober 1942 gab Hitler den Befehl, KZ-Häftlinge und Strafgefangene zur Beseitigung von Bombenblindgängern einzusetzen, um das Leben der deutschen »arischen« Männer nicht zu gefährden. Köln war die erste Stadt, in die schon im September 1942 Häftlinge der neuen SS-Baubrigade aus dem KZ Buchenwald kamen. Sie wurden auf dem Messegelände untergebracht. Dort entstand ein ständiges Außenlager von Buchenwald, denn die Stadt drängte immer wieder, den als vorübergehend geplanten Arbeitseinsatz zu verlängern. Unter den KZ-Häftlingen befanden sich keine Frauen.

Auch bei Deportationen spielte die Kölner Messe eine unrühmliche Rolle. Im Mai 1940 wurden dort tausend Sinti und Roma interniert, die von Mitarbeitern des »Rassehygienischen und bevölkerungspolitischen Instituts« untersucht und fotografiert wurden. Für die Frauen war das besonders entwürdigend, weil sie sich vor anderen ausziehen mußten. Vom angrenzenden Bahnhof Deutz-Tief wurden sie in Viehwaggons in die Ostgebiete deportiert.

Einige sogenannte »Zigeunerinnen« mußten sich die Haare scheren lassen.

Außerdem waren Gefangene der Gestapo im Messegelände eingesperrt, da das Hausgefängnis der Gestapo am Appellhofplatz im Laufe des Krieges viel zu klein wurde. Im Zwangsarbeits-Familienlager (erstes Gebäude von der Hohenzollernbrücke gesehen) und im Gestapolager (am heutigen Tanzbrunnen) waren auch Frauen untergebracht. Der Frauentrakt des Gestapolagers bestand aus vier bis sechs Baracken mit jeweils circa dreißig weiblichen Häftlingen – getrennt nach Nationalität und »rassischer« Einstufung: Deutsche Frauen, westliche Zwangsarbeiterinnen, östliche Zwangsarbeiterinnen, Jüdinnen und Halbjüdinnen.

Zeitzeuginnen erinnern sich

Einige ehemalige Inhaftierte haben über ihre dortigen Erlebnisse aus dem Jahr 1944 berichtet. Die Gründe, weswegen deutsche Frauen festgehalten wurden, waren meist politischer Art: Katharina Zinnicken zum Beispiel war eine bekannte Zentrumspolitikerin, die im Zuge der Verhaftungswelle nach dem mißlungenen Attentat auf

Hitler (20.7.1944) inhaftiert wurde; Inge Protzner-Kaufmann hatte trotz Verbot Umgang mit Kriegsgefangenen; und es gab mehrere Widerständlerinnen. Schließlich waren auch angebliche Arbeitsunwillige im Lager, die sich dem Wirtschaftsprogramm des »totalen« Krieges entzogen hatten, und Prostituierte, die als »Gewohnheitsverbrecherinnen« galten.

Die Tatsache, daß auch Jüdinnen im Messelager gefangengehalten wurden, mag erstaunen. Die Deportationen waren 1943 weitgehend beendet und im letzten Kriegsjahr lebten nur noch sehr wenige Jüdinnen in Köln, die mit einem sogenannten Arier verheiratet waren. Nach den Nürnberger Rassegesetzen von 1935 waren Ehen von Deutschen und Juden jedoch ungültig. Eine Zeitzeugin berichtet, daß den inhaftierten Frauen ein Vergehen angedichtet worden war: Sie wurden kriminalisiert, damit die Partei auf ihre Ehemänner Druck ausüben konnte, sich endlich von ihren angeblich kriminellen Frauen scheiden zu lassen. Ohne den Schutz des »arischen« Ehemannes waren sie völlig rechtlos und konnten deportiert werden.

Die ausländischen Frauen im Lager waren Zwangsarbeiterinnen, die wegen Flucht und Sabotage oder angeblicher Arbeitsverweigerung, die sich in vielen Fällen als Arbeitserschöpfung herausstellte, von der Gestapo verhaftet worden waren.

Das ganze Lager war doppelt eingezäunt; zwischen Maschen- und Stacheldraht patrouillierten die Posten. Morgens und abends mußten die Frauen zum Appell antreten. Zur Bewachung gehörten auch drei Frauen in Polizeiuniform – eine Zeitzeugin fand sie schlimmer als die Männer. Doch auch die männlichen Bewacher waren brutal und hatten scharf abgerichtete Hunde. Aldona Wolynskaja erzählt: »Ich war in sechs Gefängnissen gewesen, aber so Schreckliches wie hier im Lager hatte ich vorher nicht erlebt.« Die Frauen lebten ständig in großer Angst. Jeden Mittwoch ging ein Transport ins Frauen-KZ Ravensbrück, und niemand wußte vorher, wer an diesem Tag deportiert werden würde.

Die Aufseher betranken sich oft, waren dann unberechenbar und schlugen die Frauen willkürlich. Eine ehemalige Gefangene erinnert sich an sexuelle Übergriffe: »Bei uns Frauen ging das bis zur Vergewaltigung.« Der Lagerleiter Leske zwang Frauen, bei ihm zu schlafen. Dagegen konnten sie sich nicht wehren: insbesondere Zwangsarbeiterinnen, denen Geschlechtsverkehr mit Deutschen strengstens verboten war, hätten sich bei einer Beschwerde nur selbst eine schlimme Bestrafung eingehandelt.

Dazu kamen die Bombenangriffe. Für die Gefangenen gab es keine sicheren Luftschutzkeller. Die deutschen Frauen wurden bei Alarm in einen unterirdischen Gang zum Rhein geführt, in dem Wasserratten hausten. Ausländerinnen mußten selbst sehen, wie und wo sie unterkommen konnten. Aldona Wolynskaja erinnert sich: »Wir versteckten uns in einem Keller, in den Ruinen, wo sich einige Russinnen aus dem Lager befanden. Als die Bombardements endeten, faßten uns die Hunde direkt an den Kleidern und zerrten uns hinaus.«

Die weiblichen Häftlinge wurden im »Außenkommando« zum Putzen oder Trümmeraufräumen, außerdem im Küchenkommando im Lager eingesetzt. In den deutschen Baracken hatten zwei Frauen Lagerdienst. Die Inhaftierten konnten selbst bestimmen, wer diesen Dienst übernahm, und wählten diejenigen aus, die krank oder schwach waren. Solidarität untereinander war lebenswichtig. Eine deutsche Zeitzeugin berichtet, daß sie keine Spitzel in der Baracke erlebt habe, die Inhaftierten hätten zusammengehalten.

Die Frauen beschreiben den Schmutz als unerträglich: Im Lager gab es keinen Wasseranschluß, in der Nähe der Schlafplätze war nicht einmal eine Toilette vorhanden oder ein Ersatzgefäß. Zu einer bestimmten Uhrzeit wurden die Gefangenen zu einer Toilette geführt, was manche als sehr erniedrigend empfanden. Darüber hinaus gab es überall Ungeziefer, die Wände der Baracken waren mit Schimmel besetzt, es herrschte Typhusgefahr. Über die Verpflegung berichtet Inge Protzner-Kaufmann: »(...) man hätte mit dem Essen leben können, wenn es sauber gewesen wäre. Aber es ist bewußt dreckig gemacht worden. Es wurden von den Kohlköpfen ganze Blätter einfach reingeworfen, mit Schnecken und Maden. (...) Wir haben im Ersatzkaffee morgens mal ein Präservativ gefunden. (...) Es wird Brot abgeladen, was beim Ankommen schon schimmelig ist, und es wird trotzdem verteilt, und Sie kriegen tagelang nur schimmeliges Brot.«

Ob Frauen bei der Arbeit oder aufgrund der unmenschlichen Behandlung im Lager umkamen, ist nicht bekannt. Überliefert ist dagegen, daß bei den vielen Luftangriffen und dem zunehmend chaotischer werdenden Leben Gefangene der SS-Baubrigade im »Außenkommando« und ZwangsarbeiterInnen fliehen konnten. Sie lebten bis Kriegsende zwischen den Trümmern als Illegale.

Das Messelager wurde bei dem großen Luftangriff vom 14.10.1944 zerstört. Es ist unklar, wie viele Menschen dabei starben. Der Schweizer Konsul Weiß sah das Lager nach dem Bombenangriff:

Die Stadträtin Hanna Gerig in den 1950er Jahren

»Von der Brückenrampe sahen wir den Deutzer Bahnhof hell in Flammen stehen, während die in der Nähe liegende Messehalle ebenfalls teilweise brannte. (...) Ein hoher Beamter der auf der linken Rheinseite gegenüber der Messe liegenden Reichsbahndirektion sagte, dass es einfach grauenhaft war, wie man auf der Kölner Seite das Geschreie von so vielen in Todesängsten sich befindlichen Menschen anhören musste.« (zitiert nach Fings, S. 175) Für die Überlebenden bedeutete die Zerstörung des Lagers aber nicht die Freiheit. Zwei Tage mußten die Gefangenen Aufräumarbeiten leisten, dann zogen sie in das Lager Fort V in Müngersdorf, in das zuvor jüdische KölnerInnen zwangseinquartiert worden waren. Dieser Umzug bei Fliegeralarm, Feuerqualm und Rauch war eine Qual. »Jeder hat nach Luft gejapst, wir waren tagelang ohne Wasser.« Erst im März 1945 wurden die Gefangenen mit dem Einzug der Amerikaner befreit.

In diesem Beitrag soll auch an die mutige Frau erinnert werden, die vielen Gefangenen geholfen hat: Hanna Gerig, die spätere Stadtverordnete. Ihr Mann war als Abgeordneter der ehemaligen Zentrumspartei 1944 im Lager inhaftiert. Sie besuchte ihn und andere Häftlinge jeden Tag, um ihnen Medizin, warme Kleidung, Verpflegung und andere nötige Sachen zu bringen oder sie über den Kriegsverlauf zu informieren. Ohne auf die Gefahr zu achten, in die sie sich begab, schmuggelte sie auch Kassiber herein und heraus, schleuste einen Rechtsanwalt ins Lager, half den Angehörigen, eine Besuchserlaubnis zu beantragen, und verhandelte über Mittelsmänner mit der Gestapozentrale in Berlin. Sie gab ihre Tätigkeit erst auf, nachdem ihr Mann ins KZ deportiert worden war.

»Die Betreuungsarbeit im Lager war durchaus nicht ungefährlich. Ich hatte ja nur den Ausweis für einmal am Tag für den Besuch meines Mannes; und ich war dreimal am Tag da, weil es notwendig war. (...) Ich stand oft bei Fliegeralarm im Freien, ohne jeden Schutz, aber ich hatte das Gefühl, die Aufgabe ist mir zugeordnet und mir passiert nichts. Und so half ich, wo ich helfen konnte. Aber eines Tages – das fiel natürlich den Gestapoleuten im Lager auf, und eines Tages sagte der Mann, der von der Gestapo abgeordnet war als Lagerleiter: ›Wenn ich Sie noch einmal hier im Lager sehe, dann sind Sie und Ihre Kinder auch dran. Ich bringe Sie ins KZ.‹« (Gegen den braunen Strom, S. 54)

(Interviews mit ehemaligen inhaftierten Frauen, NS-Dokumentationszentrum; Aldona Wolynskaja, Inge Protzner-Kaufmann, Katharina Zinnicken)

Hygiene, Körperlust und Sittlichkeit: Baden im Rhein

Zur Vermeidung von Ärgernis und Ungebühr (sollen) die Frauen in die Badestube nicht hineingehen (...), ohne sich mit einem vom Badestuber geliehenen Leinenkleid den Unterleib zu verdecken, und (...) die Separation der Männer und Frauen (soll) fleißig in acht genommen werden.« (Weber 1975, S. 147) Das bestimmte ein Edikt des Rates der Stadt Köln aus dem Jahr 1616.

In diesem Erlaß deuten sich die neuen Vorstellungen von Körperlichkeit an, die sich in der Frühen Neuzeit durchgesetzten: Nacktbaden wurde ebenso zum Tabu erklärt wie das »wilde Baden« – das gemeinsame Baden von Frauen und Männern. Rund fünfzig Jahre später verfügte der Rat die Schließung der aus dem Mittelalter stammenden Badestuben in Köln und verbot mit immer neuen Bestimmungen das unbekleidete Baden im Rheinstrom.

Bevor aber die Körperpflege im siebzehnten Jahrhundert – zumindest bei den höheren Ständen – zur wasserfreien Angelegenheit wurde, herrschte auch in Köln ein ausgeprägtes Badeleben.

Vom Badeleben begeistert – Badekultur der RömerInnen

In frühen Berichten erzählten bereits Cäsar und der Geschichtsschreiber Tacitus vom nackten Baden der GermanInnen in Seen und Flüssen. Auch das Schwitzbad – die »Stuba« – war hier bekannt. Zur Zeit der RömerInnen, die sich im ersten Jahrhundert v. Chr. im späteren Köln ansiedelten, nutzten die Armen das kalte Flußwasser des Rheins zum Baden. Die Wohlhabenden dagegen besuchten die

Thermen, damals in der Nähe des heutigen Neumarktes gelegen unter dem Komplex Cäcilienstr./St. Peter. Mit Wasser gespeist wurden sie aus der Eifel: Von Nettersheim bis zum heutigen Neumarkt führte eine hundert Kilometer lange Wasserleitung, die bei voller Kapazität in vierundzwanzig Stunden 24.000 Liter Wasser lieferte. Teile der Leitung zerstörten die Franken im Jahre 355, endgültig außer Betrieb kam sie im fünften Jahrhundert.

Ob die Kölner Thermen nach Geschlechtern getrennt oder gemischtgeschlechtlich besucht wurden, ist nicht belegt. Da der Badekomplex aus zwei Bereichen bestand, ist das getrennte Baden von Frauen und Männern wahrscheinlicher.

Neben der Badelust betonte die römische Literatur besonders die gesundheitsfördernden Effekte des Wassers. Wie zu allen Zeiten lassen sich literarische Aussagen von Männern über badende Frauen auch bei den Römern finden. Damals wie heute machten sie Frauen verantwortlich für »verwerfliches Treiben«. Der bei römischen Autoren anklingende Bordell-Charakter einiger Thermen läßt Assoziationen zu heutigen Sauna-Clubs zu, wobei – wie heute – nicht die Freier, sondern die sich prostituierenden Frauen für den vermeintlichen Sittenverfall verantwortlich gemacht wurden.

Frauen in der Badestube (Kupferstich von Aldegrever aus dem 16. Jahrhundert)

Von der Badestube zur Puderquaste

In Köln sind neben vereinzelten Baderäumen in Privathäusern zwischen 1150 und 1450 über zwanzig öffentliche Badestuben nachgewiesen. Sie lagen alle nahe am Rhein, unter anderem vor St. Martin und in der Trankgasse. In den Badestuben gab es Badewannen, Schwitzräume, Bottiche mit heißem und kaltem Wasser und Kräuterbäder. Die jeweilige Badestube pachtete ein Bader von der Stadt. Eine Ausnahme war die Baderin Tryn von Gemnich, die eine Badestube in der Pfarre St. Kolumba betrieb. Angestellt waren in den Badestuben Frauen und Männer. Ihre Arbeit wurde wenig geachtet, und ihnen haftete der Ruf an, unehrlich zu sein.

Die Menschen suchten Badestuben nicht nur aus hygienischen Gründen auf. Empfohlen wurde die Reinigung an Samstagen, an Tagen vor einem hohen Fest oder vor dem Empfang der Sakramente. Ein Bad war in vielen Orten fester Bestandteil von Hochzeitsfeierlichkeiten oder auch der Feier von Frauen nach einem Wochenbett. Hier konnten sie sich hygienisch, aber eben auch rituell reinigen. Aus diesem Grund wurde Prostituierten der Besuch der Badestuben untersagt, und oft auch schwangeren Frauen.

Mehr und mehr galten Badestuben jedoch als Orte der Kriminalität: Kölner Gerichtsprotokolle berichten von »Diebstahl, Unzucht, Kuppelei und Gelagen« die in den Badestuben stattgefunden haben sollen.

Spätestens seit Anfang des siebzehnten Jahrhunderts versuchte die Obrigkeit, die Geschlechter in den Badestuben zu trennen. 1631 wurden von den vier noch existierenden öffentlichen Badestuben je zwei ausschließlich für Frauen bzw. für Männer eingerichtet. 1666 beschloß der Rat entgültig die Schließung der Bäder.

Der Zusammenhang von Körperhygiene und Gesundheit war damals noch unbekannt. Vielmehr glaubte der Rat, mit der Schließung der Badestuben einen Akt sozialer und moralischer Hygiene zu vollziehen. Seuchen wie die Pest und die Syphilis verbreiteten sich rasant. »Nackte Haut, mit den durch heiße Dämpfe geöffneten Poren, begünstigt die Ansteckung«, warnten zahlreiche medizinische Traktate. Die »schwächende Wirkung von heißem Wasser« beschworen die Herren, da es das Entweichen lebendiger Körpersäfte und damit verbunden einen Verlust vitaler Kräfte bewirke. Der menschliche Körper galt naß als »offen und verletzlich«, trocken dagegen als »geschlossen und geschützt«. Das Wasser barg noch eine weitere Gefahr: die Badeschwangerschaft. Die im warmen Wasser herumschwimmenden Samen, die ein Abenteuer suchten, würden die mitbadenden Frauen schwängern.

Hintergrund dieser Theorien war nicht nur die besorgniserregende Ausbreitung von Seuchen. Europa war zwischen dem sechzehnten und achtzehnten Jahrhundert Schauplatz zahlreicher kriegerischer Auseinandersetzungen, unter anderem des Dreißigjährigen Krieges. Die Menschen strebten daher nach Ordnung, Stabilität

»Wildes Baden« im Rhein (Stich nach Turner, 1859)

und klar definierten sozialen Grenzen. Die Machthabenden bauten ein System herrschaftlicher Kontrolle über Sexualität und Geburten auf. Die Schließung der Badestuben gehörte in diesen Zusammenhang.

Das »wilde Baden« im Rhein einzudämmen gestaltete sich für die Ratsherren wesentlich schwieriger als die Schließung der Badestuben. Ein Edikt aus dem Jahre 1606 stellte das Baden im Rhein innerhalb der Stadtgrenzen unter schwere Bestrafung, Nacktbaden wurde selbstverständlich verboten.

Die Ratsherren wiederholten das Verbot in den Folgejahren häufig, was darauf schließen läßt, daß die Menschen es nur wenig beachteten und weiterhin nackt oder wenig bekleidet im Rheinstrom badeten.

Zeitgleich mit der Schließung öffentlicher Bäder änderten sich auch die Praktiken bei der Körperreinigung. Die Menschen – zumindest die Wohlsituierten – benutzten nicht länger Wasser und Seife, vielmehr wurde gerieben, parfümiert und gepudert. Ein »gepflegtes Äußeres« galt als Kennzeichen der Elite gegenüber den Massen. Puder, benutzt als »Trockenshampoo«, konnte über Nacht einwirken und am Morgen mit Fett und Schmutz ausgekämmt werden. Als riechbares und wohlduftendes Beiwerk zur Kleidung gab es Auskunft über Privileg und Reinlichkeit. Das Motto lautete: »Puder schützt den Körper und hält ihn daher gesund.« Sauberkeit fand ihren Ausdruck in der weißen, äußeren Oberfläche. Diese wiederum war Maßstab für die moralische Integrität und das gesellschaftliche Ansehen. Die weiße Oberfläche wurde gleichgesetzt mit der darunterliegenden reinen Moral.

Edikt aus dem Jahr 1606:
»Wir Bürgermeister und Rat des heiligen Reichs freier Stadt Cöln, thun kund und fügen hiermit jedem zu wissen, daß wir mit beschwertem Herzen und Gemüt in Erfahrung gebracht, was etliche junge, auch erwachsene Leute sich anmaßen, christliche Zucht und Ehrbarkeit so fern und weit zurück und in Vergessenheit gestellt, daß sie nunmehr keine Scheu tragen, beim Baden im Rheinstrom vor übergehender ehrbaren Matronen, Jungfern und Kindern, gänzlich und zumalen unverschämter Weis' zu entblößen. Dieweil aber solches dem Gebot Gottes, der Natur selbst, und allem züchtigen Wesen stracks zuwiderläuft, (...) deshalb wird hiermit allen, jungen und alten, alles Baden im Rhein, zwischen den beiden nächsten Siechenhäusern, ober- und unterhalb dieser Stadt gelegen, gänzlich und zumalen insgemein und durchaus, bei einer Strafe von fünf Reichsthalern, Verlust der Kleider und Rutenstreichen ernstlich verboten.« (zitiert nach Weber 1975, S. 148)

Das Tragen von Leibwäsche stieg im gleichen Maße, wie das Benutzen von Wasser und Bädern nachließ. Statt sauberer Haut wurde weiße Unterwäsche modern. Bei den Damen guckten gerne Spitzen und Rüschen der Unterkleider hervor – ein Beweis für ihre Reinlichkeit. Bevorzugte Stoffe für die Leibwäsche wurden Leinen und Seide

Bade- und Schwimmanstalten am Rhein

Im achtzehnten Jahrhundert erlebte das Wasser ein Comeback: Für die Adligen wurden heiße Bäder zur luxuriösen Freizeitbeschäftigung. Das Bürgertum entdeckte die therapeutische Wirkung des Wassers und erhoffte sich körperliche Stärkung durch kalte Bäder. Zahlreiche pädagogische Abhandlungen, die seit der Mitte des achtzehnten Jahrhunderts veröffentlicht wurden, betonen die Vorteile des kalten Wassers. »Der Verweichlichung des Körpers entgegenarbeiten« war das Ziel. Kaltes Wasser unterstütze die Zirkulation der Körpersäfte, reize die Muskelstärke und rege die Funktionen der Organe an, hieß es nun. Aber nicht nur die Waschung mit kaltem Wasser, sondern auch die Bewegung im Wasser galt fortan als wichtig: Das Schwimmen wurde entdeckt. Das kalte Bad wurde zum Symbol der kraftvollen bürgerlichen Klasse im Gegensatz zum heißen Bad der »verweichlichten« Aristokratie.

Das kalte fließende Wasser von Flüssen bot sich für diese therapeutischen Zwecke an. Die erste bekannte Flußbadeanstalt in Europa lag auf der Seine in Paris. In Deutz am Rhein wurde eine erste Bade- und Schwimmanstalt 1817 errichtet und kurze Zeit später »mit der jetzt des Anstands wegen nöthigen Überdachung versehen«, wie eine Notiz der Kölnischen Zeitung vom 11. Juni 1818 berichtet. Die Überdachung sollte die Badenden vor Blicken von Außen schützen und gleichzeitig die Menschen außerhalb der Anstalt vor dem Anblick Badender. Nacktbaden war natürlich weiterhin streng verboten, aber schon der Anblick von Menschen in Badekleidung galt als sittengefährdend. Eine Polizeiverordnung befahl unter Punkt »A. Anstand und Ordnung« unter anderem: »1. Jeder muß für die Übungen mit den gehörigen Badekleidern versehen seyn. 2. Keiner soll sich anders, als auf dem Schwimmfloß und der ein für allemal für ihn bestimmten Stelle aus- und ankleiden. (...) 3. (...) Niemand darf unnöthig und ungebührlich auf dem Lande herumlaufen.« (Weber 1975, S. 150)

1820 eröffnete die Unternehmerin Wittib (= Witwe) Klug ebenfalls in Deutz ein Badeschiff, auf dem Einzelbäder genommen werden konnten. Doch schon nach drei Jahren wurde sie von einem Konkurrenten namens Reimbold verdrängt, der sein Bade-Etablissement an

Das Bade-Etablissement Reimbold an der Deutzer Schiffsbrücke.

Bade- und Schwimmvergnügen im Familienbad Peltzer (um 1925)

der Deutzer Schiffsbrücke festgemacht hatte. In vierzehn »Badezimmern« konnten auf der einen Seite Damen, auf der anderen Herren ein Reinigungsbad nehmen. Wie nun sah solch ein Baderaum aus? Viereckige Badekästen waren fünfzig bis sechzig Zentimeter tief im Rhein versenkt. Löcher und Ritzen in den Kästen ließen das Flußwasser durch. Ein solches kaltes »Rheinstrombad« kostete fünf Groschen. Bei Reimbold konnte aber auch ein warmes Bad genommen werden. Mit einem Dampf-Koch-Apparat wurde das Rheinwasser erhitzt. Das warme Rheinbad kostete zehn Groschen (zum Vergleich: ein Kilo Mehl kostete dreieinhalb Groschen).

Von 1817 bis 1945 hat es in und bei Köln elf Rheinbade- und schwimmanstalten gegeben. Darunter waren die Städtischen Rheinbadeanstalten an der Bastei, die 1932 in den Besitz der Familie Peltzer übergingen. Das Schwimmbecken war achtundzwanzig Meter lang und acht Meter breit. Am Rande des Bassins war eine Angel für SchwimmschülerInnen montiert. Es war von allen vier Seiten mit einem Gitter umgeben, damit die Rheinströmung niemanden weg-

Restaurant an der »Rodenkirchener Riviera«

schwemmen konnte. Dieser eiserne Korb konnte komplett mit Flaschenzügen aus dem Wasser gehoben werden, was zur Reinigung oder zur Verlagerung ins Winterquartier nötig war.

Im neunzehnten Jahrhundert wurden in Köln auch wieder private Badehäuser gebaut und 1885 das Hohenstaufenbad als erstes Hallenbad errichtet. Mit dem Prachtbau konnten die Bade- und Schwimmschiffe nicht mithalten. Dort gab es drei Bassins, von denen aber nur eins Frauen zur Verfügung stand, und 62 Wannenbäder, die in drei Kategorien aufgeteilt waren: Salonklasse 1, 2 und 3. Der Werbespruch des Bades zeigt die Konkurrenz zu den Rheinbadeplätzen: »Braucht zum Rheine nicht zu laufen, kommet her in großen Haufen, in das Bad der Hohenstaufen.«

Neben den Bade- und Schwimmschiffen und sogenannten »wilden Badestellen« gab es kontrollierte und festeingerichtete Plätze für dieses Vergnügen. Mit Balken waren dort Bereiche für die Badenden gegen den offenen Strom abgetrennt. Trennung der Geschlechter war stets das oberste Gebot. Damit war nicht nur den Ledigen aus Gründen des Anstands ein Badespaß mit dem anderen Geschlecht unmöglich, auch Familien konnten keinen gemeinsamen Schwimmausflug unternehmen. Die Kinder waren natürlich in der »Damenabteilung«. Damit hatten sich allein die Frauen um ihre Aufsicht zu kümmern, während die Väter das Freizeitvergnügen ohne Kindergeschrei genießen konnten und sich nicht mit der Angst plagen mußten, daß den Kleinen etwas passiert.

Am 20. Juni 1912 eröffnete das »Strandbad Rodenkirchen«, im Volksmund die »Rodenkirchener Riviera« genannt. Hier trennte ein Drahtzaun, die »Britz«, den Badestrand für Frauen und Männer. In den Sommerferien 1913 konnten 350 Kölner Schulkinder kostenlos den Rodenkirchener Strand besuchen. Mädchen durften Montag, Mittwoch und Freitag schwimmen.

Am 3. August 1913 kam es im Strandbad zum »Aufstand«: Die Badegäste rissen die Britz ein. Schon Tage zuvor hatte es gegärt. Als es nun an jenem Sonntag in dem Strandbad so voll war, daß sich Familien nicht mehr über den Zaun hinweg verständigen konnten, kam es zum Ausbruch. Das Niederreißen des Drahtzaunes war ein medienwirksames Ereignis, sogar eine Berliner Tageszeitung berichtete davon. Die Stadtverwaltung hielt sich zunächst bedeckt und schwieg zu dem Vorfall, der Zaun wurde wieder aufgerichtet. Offizielles Familienbad, d.h. ohne Geschlechtertrennung, wurde die Riviera 1919.

Nicht nur in Köln kämpften Badefreudige für das Familienbad. Seit Anfang des achtzehnten Jahrhunderts waren vielerorts Kur- und Strandbäder entstanden. Hier wurde zunächst in Badekarren gebadet: War die von Pferden gezogene Holzkabine im hüfthohen Wasser angelangt, so konnten die Damen oder Herren unter einer Markise an der Rückseite der Kutsche ins Wasser eintauchen – geschützt vor den Blicken anderer. An der gesamten deutschen Küste gab es 1837 knapp tausend solcher fahrbaren Umkleidekabinen. Bald reichten diese Konstruktionen nicht mehr aus, die Gäste zügig abzufertigen. Getrennte Damen- und Herrenbadestrände wurden eingerichtet. In Langeooger Hotels und Restaurantbetrieben lagen im August 1913 Unterschriftenlisten aus, in denen die Einrichtung von Familienbädern gefordert wurde. Norderney hatte – nach Helgoland und Westerland – die Errungenschaft bereits 1908 mit einer Werbepostkarte verkündet: »Wie schön ist's im Familienbad, zur Sommerzeit bei dreissig Grad. Man tummelt sich mit Frau und Kind, vergnügt und munter alle sind. Die Kinder schrein'n und jubeln froh. Die Grossen machen's ebenso. Zufrieden jauchzet Gross und Klein. Hier bin ich Mensch, hier darf ich's sein«.

Die »Britz« gab immer wieder Anlaß zur Belustigung.

In Köln wurde etwa um die gleiche Zeit südlich von Porz das »Familienbad Langel« eingeweiht. Hier ging es liberaler zu, denn das gemeinsame Baden von Frauen und Männern war gestattet. Die weitaus meisten BesucherInnen kamen aus Köln und setzten mit Dampfern über. In den vormals städtischen Rheinbadeanstalten wurde die Geschlechtertrennung erst 1932 aufgehoben, als Familie Peltzer die Schwimmschiffe übernahm.

Während die einen noch für die Abschaffung der Geschlechtertrennung plädierten, trat der Stadtverband Kölner Frauenvereine für die Einrichtung eines Frauenschwimmbades auf den Poller Wiesen ein. Diese Idee konnte aber nicht realisiert werden.

Gegen das sogenannte »wilde Baden« engagierte sich seit der Jahrhundertwende vehement der »Kölner Männerverein zur Bekämpfung der öffentlichen Unsittlichkeit« mit dem Ziel, die »Auswüchse des Badeunwesens« zu unterbinden. 1919 wandte sich der Verein mit einer Eingabe gegen die Errichtung eines zusätzlichen Strandbades an den Oberbürgermeister. Mitstreiter fand der Verein bei der Katholischen Kirche. Seit 1925 wurde der sogenannte Kölner Erlaß von Kardinälen gegen die »immer stärker werdenden Auswüchse und Übelstände im Badewesen an den Ufern des Rheins« verkündet. Allein die Katholische Kirche habe den »weitgedehnten ethischen Horizont, die uralte zweitausendjährige Erfahrung und den seelenkundlichen Tiefblick«, um das Verderbnis von den Menschen abzuwenden. Die Sittenwächter entwarfen ein wahres Horrorszenario: Das gemeinsame Baden beider Geschlechter würde den Untergang des Abendlandes bewirken. Die Konsequenz sei »die Entwürdigung der Frau, die Abstreifung aller Mütterlichkeit, die Vernichtung des keimenden Lebens zur systematischen, organisierten Kindestötung, zu bolschewistischer Verrohung«. (Mausbach, S. 15)

»Ein Aufstand im städtischen Strandbad
Das Bad war gestern infolge der mittleren Wasserwärme und des Sonnenscheins verhältnismäßig gut besucht, wobei die Mehrzahl der Badenden indes auf das Herrenbad entfiel. Schon im Verlauf des Nachmittags hatte ein Mann in einem Damenbadekostüm die Damenabteilung aufgesucht und mehrere Männer hatten die Trennungswand zwischen beiden Abteilungen überklettert, um mit ihren Familienangehörigen im Damenbade gemeinsam zu baden, waren aber von dem Aufsichtspersonal wieder in das Herrenbad zurückgewiesen worden. Gegen 7 Uhr abends war nun die Zahl derer, die sich an dem Trennungsgitter aufhielten, so gewachsen, daß dieses ihrem Druck nachgab und zum Teil niedergerissen wurde, wodurch die Bahn für den Durchgang von der Herrenabteilung in das Damenbad, und umgekehrt, frei war. Ein großer Teil der badenden Männer, besonders aber die, die ihre Frauen und Kinder im Damenbad hatten, wurden nunmehr zu den Überläufern ins Damenbad, und ein regelrechter Familienbadebetrieb war geschaffen, ohne daß die Aufsicht dagegen einzuschreiten vermochte.« (*Stadt-Anzeiger, Beilage zur Kölnischen Zeitung*, 4.8.1913)

Ein neues Problem: das geeignete Badekostüm

Mit der steigenden Popularität von Strandbädern entwickelte sich Mitte des neunzehnten Jahrhunderts eine spezielle Bademode. Beim Wasserkostüm für die Damenwelt war aber nicht die Funktionalität bestimmend, sondern die Mode- und Moralvorstellungen der Zeit. Erste Modelle bestanden aus einer Hose mit Rock darüber und einem als Leibchen eingerichteten Hemd. Sie ließen nur Füße, später auch die Waden, und einen Teil der Arme frei. Sogar der Kopf war mit einer gerüschten Haube bedeckt. Der Stoff schützte vor der gefürchteten Sonnenbräune. Der weiße Teint galt als Ausdruck einer reinen moralischen Verfassung und bewies die Zugehörigkeit zur bürgerlichen Schicht. Bei der bürgerlichen Dame suggerierte die helle Haut nicht nur, daß sie wenig an der Sonne war, sondern

Elegante Bademode für Damen um 1882

auch, daß die Frau die ihr zugedachte Häuslichkeit liebe. Unter der Menge von Stoff trugen die Badenixen zunächst auch noch ein Korsett. Zum Schwimmen waren diese Wassserkostüme kaum geeignet.

Seit Beginn des zwanzigsten Jahrhunderts streiften die Damen die aufgeblähten Hüllen allmählich ab. Der einteilige Badeanzug setzte sich um die Jahrhundertwende auch für Frauen durch. Er besaß »Flügelärmchen« und hatte einen etwas weiteren Ausschnitt. Die Hose war knielang und mit Volants besetzt. Daneben gab es auch elegante Badekostüme. Ein Damenbrevier empfahl 1914: »Das Wahrzeichen der feinen Dame am Strand ist allerdings der Strandanzug, meist schwarz oder dunkelblau aus schwerem Taft oder Seidenserge. Täglich frisch gebügelt, darf er sich schon einigen Aufputz gestatten in Gestalt von etwas Spitze und Einsatz. Die Bluse und das glokkenförmig geschnittene oder in Falten gelegte Röckchen hängen meist zusammen, das Beinkleid ist separat anzulegen. Dazu der schwarze Strumpf und der mit Kreuzbändern befestigte Schuh, wenn man nicht von der Erlaubnis Gebrauch machen will, Strumpf und Schuh – was allerdings nur an weichen, sandigen Küsten möglich ist – fortzulassen, um einen wohlgepflegten Fuß zu zeigen. Um nicht Gefahr zu laufen, daß die Sonne die Ausschnittform auf die Haut prägt, tragen vorsichtige Damen unter dem Anzug ein weißes Leibchen mit langen Ärmeln, hoch zum Hals aufsteigend.« (Onstein, S. 182)

Der Moraltheologe Dr. Joseph Mausbach über das Kölner Strandleben:
»(...) dauerndes Zusammensein völlig nackter Personen in Booten und am Ufer; das gemeinsame Baden in ungenügender Badetracht, das sich später im geselligen Verkehr, in Luft- und Sonnenbädern am Strand fortsetzte, auf die Störung des Uferverkehrs durch solche Badende;« (Mausbach, S. 21)
Die Lösung lautete: Trennung der Geschlechter, anständige Badekleidung und eine wirksame Aufsicht.
»Die letzte Leidtragende, das letzte Opfer einer wachsenden öffentlichen Schamlosigkeit wird naturgemäß immer die Frau sein. Das ist ein Grund, weshalb die Frau noch strenger zur peinlichen Innehaltung der Züchtigkeit und Schamhaftigkeit verpflichtet ist als die Männer.« (Mausbach, S. 27) Die Zügellosigkeit sei von den Fremden mitgebracht worden, die die Großstadt Köln besuchten. Daher sei die »Erhöhung des rheinischen Selbstgefühls gegenüber sittlich-kultureller Überfremdung« notwendig. Mausbach verurteilt die Errungenschaften der Frauenbewegung und macht seine Abscheu deutlich: »(...) am Strande gelagerte Frauen im Badekostüm, die speerwerfenden Ringkämpferinnen, die gespreizten Tänzerinnen, die aufgeputzten, zigarettenrauchenden Nuditäten in den vornehmen Jazz-Cafés«.
(Mausbach, S. 36)

Für den alltäglichen Bedarf waren Badeanzüge aus Baumwolle und Trikotstoff praktischer und beliebter. Doch kritisierten sittenstrenge Stimmen, daß Baumwolle bei Nässe zu transparent werde und den Frauenkörper allzu sichtbar mache. Anständige Frauen soll-

Am Rheinufer 1930

ten daher Badekleidung aus Wolle tragen, die den Körper ordentlich verhüllen und gleichzeitig auch wärmen könne. »Ein Badeanzug soll von Wolle angefertigt sein, denn nasse Leinwand verursacht nicht nur ein unbehagliches und bedenkliches Frösteln, sondern beeinträchtigt durch das feste Ankleben an dem Körper die so notwendige freie Bewegung der Glieder.« (Ornstein, S. 174) Das Tragen der Wolle war allerdings sehr unangenehm. Die Badeanzüge wurden im Wasser immer länger und kratzten fürchterlich. Frauen, die sich als junge Mädchen damit plagen mußten, erzählen, daß sie die »Wollungetüme« mit Wonne in den Mülleimer warfen, als sie sich endlich etwas Besseres leisten konnten.

»Gertrudis verkauft die halbe Mühle« – Frauenreichtum und Frauenrechte im späten Mittelalter

Viel Phantasie ist nötig, wenn wir uns vorstellen wollen, daß es im dreizehnten Jahrhundert sechsunddreißig Kölner Wassermühlen auf dem Rhein gab. Die meisten Mühlen gehörten Privatpersonen und stellten einen enormen Reichtum dar. Um Rechtsstreitigkeiten über Besitzverhältnisse vorzubeugen, wurde im dreizehnten Jahrhundert ein Grundbuch, der sogenannte Mühlenschrein, angelegt. Darin tauchen Ordensfrauen, Ehefrauen, Witwen sowie unverheiratete Frauen als Eigentümerinnen auf. Das Buch gibt einen interessanten Einblick in die Vermögensverhältnisse und privaten Lebensumstände der Menschen. Einige Frauen, die ihre Mühle bzw. ihren Mühlenanteil verkauften, mußten nämlich ein Keuschheitsgelübde vorlegen, das ihre Jungfernschaft bescheinigte. Konnten sie etwa nur dann ein Rechtsgeschäft tätigen, wenn sie ein »sittliches« Leben führten?

Die Rheinmühlen: Zeichen des Wohlstands

Da das Wasser der Kölner Bäche zum Antrieb von Mühlen nicht ausreichte, war es seit dem Mittelalter üblich, die Strömung im Rhein auszunutzen. Zunächst wurden Mühlen am Ufer oder auf einem Damm errichtet, später waren die sogenannten Schiffsmühlen üblich, die wie eine Insel auf dem Fluß schwammen. Auf dem Rhein herrschte ein sehr reges Treiben: Als größte deutsche Handelsstadt

Vor dem Bayenturm waren die meisten Rheinmühlen verankert. (Rheinansicht um 1610)

wurde Köln von vielen Schiffen angesteuert – Zusammenstöße von Mühlen und Schiffen blieben nicht aus. Bei Sturm rissen die Mühlen mitunter sogar aus ihrer Verankerung, trieben mit der Strömung fort und bildeten unkalkulierbare Gefahrenstellen. Mit der Zeit brach manche Mühle auch auseinander; einige sind schweren Eisgängen zum Opfer gefallen, andere wurden wiederum bei kriegerischen Auseinandersetzungen zerstört.

Im sechzehnten Jahrhundert waren nur noch zehn Mühlen in Betrieb. Sie lagen in zwei Reihen vor dem Bayenturm. Acht wurden als Getreidemühlen genutzt, die restlichen als Walk- oder Lohmühlen für die Tuchherstellung bzw. Gerberei. Im neunzehnten Jahrhundert gab es noch drei Mühlen auf dem Rhein.

Wie bei allen Arbeiten am Fluß, war der Mahlbetrieb unmittelbar vom Wasserstand abhängig. Bei Niedrigwasser, bei Hochwasser sowie bei Vereisung konnten die Mühlen nicht benutzt werden. Erstaunlicherweise wurden die Kölner Windmühlen auf der Stadtmauer und in der Stadt nur dann benutzt, wenn die Rheinmühlen nicht betriebsbereit waren. Um 1600 wurden jährlich circa 260 Liter Getreide und Hülsenfrüchte pro Person auf den Rheinmühlen gemahlen.

Die Menge und die Art der gemahlenen Waren lassen Rückschlüsse auf die Ernährung der Kölner Bevölkerung zu. Auf dem Rhein wurde hauptsächlich Roggen gemahlen, an zweiter Stelle kam Weizen, in geringerem Maße Gerste, Hafer, Erbsen, Bohnen und ein minderwertiges Staubmehl, außerdem ein Teil des Malzes für das Bierbrauen. Folgende »Mahlgäste« benutzten die Mühlen, aufgezählt nach der Menge des Mahlgutes: BäckerInnen, Privatpersonen, Pistoren (StiftbäckerInnen), Klöster, KuchenbäckerInnen, Spitäler, Konvente und Höfe. Frauen ließen also ebenso wie Männer auf dem Rhein mahlen.

Im Mühlenschrein wurden alle Rechtsgeschäfte, an denen Mühlenerben beteiligt waren, aufgezeichnet, d.h. Eigentumsveränderungen an den Rheinmühlen wie Käufe, Verkäufe, Schenkungen, Erbteilungen und Belastungen. Meist besaß eine Person nicht eine ganze Mühle, sondern nur einen Anteil. Eine Mühle war eine lukrative Einnahmequelle, denn die BesitzerInnen erhielten ein Achtzehntel der ungemahlenen Ware als Benutzungsgebühr. Dem Schreinsbuch zufolge muß es in Köln eine Reihe wohlhabender Frauen gegeben haben.

Die Jungfernbriefe

Zu den ledigen Frauen, die Mühlenanteile erbten und verkauften, zählten in erster Linie Beginen. Die Beginen waren eine religiöse Laiengemeinschaft von Frauen. Sie lebten in selbstgewählten Gruppen zusammen, aus denen sie wieder austreten konnten, und gaben sich eigene Regeln. Im Gegensatz zu Stiftsdamen lebten sie vom Ertrag ihrer Arbeit, sie galten lange Zeit als fromme und fleißige Frauen. Diese neue Lebensform des späten Mittelalters bildete eine Alternative zu Ehe und Kloster. Köln stellte das Zentrum der

Auf der Insel »Weertchen« wurden die Mühlen repariert; viele Menschen waren nötig, um sie an Land zu ziehen. (Ausschnitt aus der Großen Stadtansicht von Woesam um 1531)

rheinischen Beginenbewegung dar. Ende des vierzehnten Jahrhunderts gab es hier 149 Beginenkonvente, in denen circa 1.150 Beginen lebten.

Die Beginen waren zumindest zeitweise nicht an ein Armutsgelübde gebunden und konnten Eigentum besitzen. So traten sie wiederholt als Mühleneigentümerinnen auf. Es ist jedoch auffällig, daß sie während des vierzehnten Jahrhunderts bei Verkäufen und Verzichtserklärungen einen Jungfernbrief hinterlegten. Es handelte sich dabei um Schreiben von Kölner Pfarrern, in denen diese ein Keuschheitsgelübde der betreffenden Frau bescheinigten. Die Beginen standen unter dem Schutz, aber auch unter der Aufsicht eines Pfarrers oder Ordensvorstehers, dessen Zustimmung sie bei Rechtsgeschäften benötigten. Sie waren auch vor Gericht nicht selbständig, sondern brauchten einen Vertreter.

Dieses Keuschheitsgelübde war kein religiöses oder kirchenrechtliches Gebot, denn es war der Stadtrat, der es 1391 für unnötig erklärte. Was hatte es nun mit den Jungfernbriefen auf sich? Bedeuteten sie eine Diskriminierung der Beginen? Wenn wir die Eintragungen im Mühlenschrein weiterverfolgen, stellen wir fest, daß es ausnahmsweise nicht um Moral ging. Die Jungfernbriefe bescheinigten die Kinderlosigkeit der Frau; sie dienten der Sicherheit einer Erwerberin oder eines Erwerbers, denn sie schlossen mögliche Ansprüche Dritter aus. Da Kinder als Erben ein Mitspracherecht beim Verkauf hatten, stellten die Briefe eine spezielle Rechtsform dar.

Doch nicht nur Beginen mußten ihre Kinderlosigkeit nachweisen, in einigen wenigen Fällen ließen sich auch weltliche unverheiratete Frauen einen Jungfernbrief ausstellen. Bei Ordensschwestern galt eine andere Regelung: Nach kanonischem Recht war die Zustimmung der Klosteroberin Bedingung für einen rechtsgültigen Verkauf. Wahrscheinlich waren aber Klosterurkunde und Jungfernbrief nur dann erforderlich, wenn die Nonne bzw. Begine nicht persönlich zum Vollzug des Rechtsgeschäfts vor dem Schrein erschien.

Rechtliche Freiräume der Kölnerinnen

Wie sah im Vergleich dazu die Geschäftsfähigkeit der verheirateten und verwitweten Frauen aus? In Köln hatten Frauen seit dem späten Mittelalter ungewöhnliche Freiheiten im Rechtswesen. Das eheliche Güterrecht gestattete es ihnen, unabhängig vom Ehemann Käufe und Verkäufe zu tätigen. Wenn beide Ehepartner gemeinsam

Mühlenanteile besaßen, konnte weder die Ehefrau noch der Ehemann allein einen Verkauf tätigen. Einige Dokumente aus dem vierzehnten Jahrhundert belegen, daß ein Rechtsgeschäft erst mit der nachträglichen Zustimmung der Ehefrau rechtsgültig wurde.

In ähnlicher Weise konnten auch Witwen nicht allein über einen Mühlenverkauf entscheiden. In Köln hatte sich ein Erbrecht herausgebildet, das beim Tod eines Ehepartners dem überlebenden Elternteil nur das Nießbrauchrecht einer Immobilie gewährte, während der Besitz an die Kinder vererbt wurde. Für den Fall, daß eine Witwe oder ein Witwer wegen Armut oder Überschuldung gezwungen war, Mühlenanteile zu verkaufen, mußten vorher die Erben befragt werden, ob sie gewillt seien, den Lebensunterhalt der betreffenden Person zu zahlen. Erst wenn sie dies ablehnten, konnte ein Verkauf durchgeführt werden, der nach einem Jahr unanfechtbar wurde. Diese Regelung galt gleichermaßen für Frauen und Männer.

In vielen Rechtsgeschäften genossen Ehefrauen und Witwen mehr Freiheiten als unverheiratete Frauen, zum Beispiel in den Zünften. Doch haben wir hier den ungewöhnlichen Fall, daß Ledige, insbesondere Beginen, beim Verkauf von Mühlenanteilen größeren Freiraum hatten, denn sie waren unabhängig von der Zustimmung des Ehemannes oder der Kinder. Bis zum Ende des vierzehnten Jahrhunderts waren sie allerdings gegenüber unverheirateten Männern benachteiligt, denn diese mußten kein Keuschheitsgelübde vorweisen – zumindest sind keine überliefert.

In Köln hatten Frauen ökonomisch wichtige Positionen inne, daher konnten sie in Rechtsangelegenheiten nicht übergangen werden.

Trotz dieser zeitweisen Ungleichbehandlung ist festzustellen, daß die Rechtsfähigkeit der Kölnerinnen im Spätmittelalter hoch war – in anderen Städten ein seltener Fall. Sie konnten zum Beispiel vor Gericht Zeugnis ablegen, und es existierte keine generelle Vormundschaft des Ehemannes über seine Frau. Die Kölnerinnen waren zwar nicht im heutigen Sinne gleichberechtigt, doch hatten sie erhebliche Freiräume.

Werfen wir einen Blick auf spätere Jahrhunderte, so müssen wir einen herben Rückschritt feststellen: Frauen wurden aus den Zünften verdrängt und konnten sich kaum noch als Selbständige behaupten. In der Folge verschlechterte sich auch ihre rechtliche Stel-

lung. Das wird besonders in der bürgerlichen Gesellschaft deutlich, die es als Ideal ansah, die Frau von der Notwendigkeit zur Erwerbsarbeit zu »befreien«. Bürgerlichen Frauen wurde die Möglichkeit genommen, eigenes Geld zu verdienen. Die juristischen Auswirkungen spiegeln sich im Bürgerlichen Gesetzbuch von 1900 kraß wider, das für Frauen rigide Rechtseinschränkungen enthielt. So war unter anderem geregelt, daß der Ehemann über das von der Frau in die Ehe gebrachte Vermögen und über die Zinsen ihres Sparbuches verfügen konnte, während die Ehefrau die Zustimmung des Mannes zur Eröffnung eines Kontos brauchte.

Wenn wir uns dagegen vor Augen halten, daß sich der Rat der Stadt um 1406 damit beschäftigte, daß Kölner Ehefrauen sich geweigert hatten, die Schulden ihrer Männer zu übernehmen, so können wir durchaus behaupten, daß die Rechtsverhältnisse im Bürgerlichen Gesetzbuch für die Kölnerinnen im Spätmittelalter undenkbar gewesen wären.

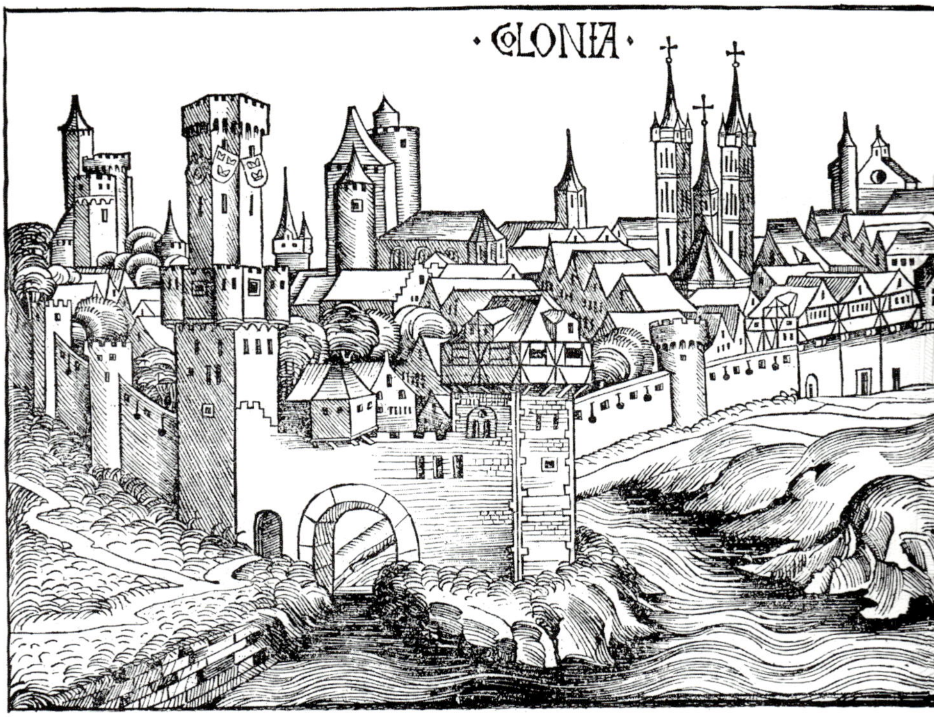

Der Bayenturm – Von der Stadtbefestigung zum Frauenturm

Im Jahr 1259 wurde das bis dato gewaltigste Kölner Bauwerk fertiggestellt: Die 7,5 Kilometer lange Stadtmauer mit ihren zweiundfünfzig Wehrtürmen und zwölf Torburgen, von denen vier entlang des Rheines standen. Köln war damit die mächtigste Festungsstadt nördlich der Alpen. Die neue Anlage umschloß ein Gebiet von 401 Hektar, das entspricht circa 520 Fußballfeldern. Etwa siebzig Jahre lang hatten die Arbeiten an der Stadtmauer gedauert, die als

Vorne links im Bild der Bayenturm in der vorstehenden Ark. Diese Abbildung in der Schedelschen Weltchronik von 1493 entsprang der Phantasie des Künstlers.

militärischer Schutz diente und für die Kölner BürgerInnen gleichzeitig ein Symbol ihrer Unabhängigkeit war. Das Bauwerk prägte das Bild der Stadt über sechs Jahrhunderte, bevor es in den 1890er Jahren abgerissen wurde.

Der Bayenturm bildete den südlichsten Punkt der Mauer am Rheinufer und lag inmitten von Weingärten und Feldern weit außerhalb des bebauten Stadtgebietes. Der Turm war eines der strategisch wichtigsten Bollwerke der Stadtmauer. 1262 hatten Kölner Bürger den Turm erstürmt, auf dem sich Truppen des Erzbischofs verschanzt hielten, und damit dem Erzbischof ihre Macht demonstriert. Es galt: Wer den Bayenturm kontrollierte, besaß die Macht in Köln.

Gefängnisturm

Der Bayenturm wurde wie auch andere Türme der Stadtmauer als Gefängnis benutzt. Aus den Protokollen des Rates der Stadt Köln geht hervor, daß sowohl Frauen als auch Männer im späten Mittelalter und der Frühen Neuzeit in Turmhaft genommen wurden. So vermerkte der Stadtschreiber am 7.11.1470: »Heute ist sie, Beelgijn Barscherress, aus dem Turm, wo sie wegen doppelter Verlobung drei

Monate bei Wasser und Brot eingesperrt, entlassen worden«. (Beschlüsse des Rates der Stadt Köln, S. 431) Vornehmlich Angehörige der Unterschichten wurden zu Haftstrafen verurteilt, denn die meisten Delikte konnten durch eine Geldbuße abgegolten werden. Nur bei Zahlungsunfähigkeit drohte den Verurteilten der Freiheitsentzug. Die Strafen sollten eine erzieherische Funktion haben und konnten die Ehre der betreffenden Person wiederherstellen. So erklärt sich die Bemerkung in den Ratsbeschlüssen, daß eine Delinquentin »bei ihrer Frauenehr« auf den Turm gehen sollte.

Insgesamt mußten weniger Frauen als Männer in den Türmen ihre Strafe verbüßen. Eine Verurteilung erfolgte aus unterschiedlichen Gründen. Einerseits galten Frauen vielfach nur als vermindert straffähig. Andererseits neigten sie weniger zur Gewaltkriminalität. Sie wurden im Gegensatz zu Männern weitaus mehr wegen »unmoralischen« Verhaltens sanktioniert. Nach einer Untersuchung der Kölner Turmbücher durch Gerd Schwerhoff waren Ende des sechzehnten/Anfang des siebzehnten Jahrhunderts 38,5 Prozent der Frauen wegen sogenannter Sittendelikte inhaftiert, ein Vergehen, das bei Männern nur 11,7 Prozent ausmachte. Dagegen mußten 20,9 Prozent der Männer eine Strafe wegen Gewaltverbrechen absitzen, während nur 4,4 Prozent der Frauen aus diesem Grund in Haft saßen.

Zugemauert, abgerissen, renoviert

Zollbeamte und Turmwächter hatten ihre Wohnung in den oberen Räumen des Bayenturms. Während des Dreißigjährigen Krieges verstärkte die Stadt die Mauern und Türme. Dazu wurden Soldaten eingesetzt, die laut Ratsprotokoll nicht nur nachlässig arbeiteten, sondern auch »die vorübergehenden Frauen und Mädchen verlachten, beschimpften und mit unehrbaren Nachrufen verspotteten«. (Turm der Frauen, S. 25) Nach dem Krieg wurde das Stadttor am Bayenturm zugemauert. Köln hatte sich von der weltoffenen Handelsstadt in eine geschlossene Festung verwandelt, die keine Flüchtlinge oder aufrührerische Gedanken hereinließ. Die verstärkten Mauern symbolisierten nun eher Angst und Abschottung als Macht und Stolz.

1881 hatte die preußische Regierung außerhalb der Stadt einen weiteren Befestigungsring, den heutigen Militärring, angelegt. Die Stadt kaufte die mittelalterliche Mauer vom preußischen Staat und ließ sie unter Beifall der Bevölkerung zum größten Teil abreißen. Längst hatte sich die Stadt auf die jenseits der Befestigung liegende Umgebung ausgedehnt. Die KölnerInnen betrachteten die alte Mauer als lästiges, einengendes Überbleibsel aus dem Mittelalter.

Der Bayenturm wurde im zwanzigsten Jahrhundert einer friedlichen Nutzung übergeben und der Öffentlichkeit zugänglich gemacht: Für kurze Zeit war hier das Völkerkundemuseum untergebracht, anschließend das Museum für Vor- und Frühgeschichte. Im Zweiten Weltkrieg wurde der Turm schwer zerstört. Die ersten Instandsetzungsarbeiten 1948/49 sicherten zunächst nur den Erhalt des noch bestehenden Gebäudeteiles. Erst 1990 begann der komplette Wiederaufbau, der in den Außenmauern weitgehend dem historischen Vorbild folgte. Im Inneren wurde das Gebäude jedoch modernisiert. Die Grundfläche des Turmgeschosses wurde durch Galerien erweitert und ein pyramidenförmiges Glasdach eingesetzt.

Der Turm der Frauen

Um die Nutzung des Turmes rangen jahrelang verschiedene Bewerberinnen und Bewerber. Erfolgreich war Alice Schwarzer, die durch ihre Medienpräsenz wohl berühmteste deutsche Frauenbewegte, die seit 1977 unter anderem als Herausgeberin der Zeitschrift »Emma« bekannt wurde. Sie erkämpfte den Bayenturm für das »Feministische Archiv und Dokumentationszentrum« und nannte es zum FrauenMediaTurm um. Die gemeinnützige Stiftung schloß mit der Stadt einen Erbbaurechtsvertrag, der ihr bis zum Jahr 2061 die Nutzung des Turmes sichert.

»Die Kölner Legende will, daß beim Erstürmen des Bayenturmes im Jahre 1262 der Ruf erschallte: Kölle alaaf! (Köln voran!). Ab sofort gilt bei Annäherung an den Turm der Schlachtruf: Wieber alaaf (Frauen voran! – d. Verf.)« (Turm der Frauen, S. 68)

Die meisten der noch stehenden alten Türme der mittelalterlichen Stadtmauer werden von karnevalistischen Männervereinen genutzt. Der Frauenturm ist vor diesem Hintergrund eine Errungenschaft.

Das Dokumentationszentrum hat sich zur Aufgabe gesetzt, Dokumente zur alten und neuen Frauenbewegung zu sammeln und der Öffentlichkeit zugänglich zu machen. Von diesem Ziel ist, unter anderem wegen äußerst eingeschränkter Öffnungszeiten und fast nicht vorhandener Öffentlichkeitsarbeit, jedoch kaum noch die Rede.

Wir wünschen dem Bayenturm, daß er seine Pforten wieder öffnet und seinem Namen Rechnung trägt als Turm der Frauen.

Frauenrechtlerin und Freischärlerin: Mathilde Franziska Anneke

Ungewöhnlich, engagiert und streitbar war Mathilde Franziska Anneke, und sie paßt so gar nicht ins typische Bild der Frau im neunzehnten Jahrhundert. 1817 wurde sie als Mathilde Giesler bei Sprockhövel geboren. Als sie neunzehn Jahre alt war, arrangierten ihre Eltern eine sogenannte Konvenienzehe und verheirateten sie mit dem zehn Jahre älteren Weinhändler und Gerichtsrat von Tabouillot. Er rettete damit die verarmte Familie Giesler vor dem wirtschaftlichen Ruin und bot Mathilde die vornehme Welt äußeren Wohlstands. Doch schon nach einem Ehejahr, kurz nach der Geburt ihrer Tochter, verließ sie ihren jähzornigen und prügelnden Ehemann und klagte wegen Mißhandlungen auf Trennung. Das Scheidungsverfahren dauerte mehrere Jahre. 1839 wurde in erster Instanz angeordnet, daß sie zu ihrem Mann zurückkehren und die Ehe fortsetzen sollte. Weil sie dieser Aufforderung nicht Folge leistete, galt sie als alleinige Schuldige, und die knappe Unterstützung ihres Mannes wurde aufgehoben.

Mathilde Franziska Anneke um 1840.

Ungewöhnlich in ihrem Lebenslauf war nicht nur ihre Scheidung und der Kampf um das Sorgerecht für ihre Tochter, sondern auch ihr Wille, selbst für ihren Unter-

Mathilde Anneke wohnte ein kleines Stück nördlich des Doms am Rheinufer. (Ausschnitt von einer Lithographie von Gerhardt um 1836)

halt zu sorgen. Es war nicht üblich, daß Frauen der gehobenen Schicht in der ersten Hälfte des neunzehnten Jahrhunderts ihr eigenes Geld verdienten. Doch sie erkannte ihr Talent zum Schreiben, verfaßte zunächst erbauliche, religiöse Gedichte und gab zwei »Gebetbücher für die katholische Frauenwelt« heraus, dem bald ein »Damenalmanach« mit kritischen Texten folgte. Sie wurde zunehmend radikaler, wandte sich gesellschaftskritischen Themen zu und veröffentlichte 1847 ihre politisch-feministische Schrift »Das Weib in Conflict mit den socialen Verhältnissen«.
Im gleichen Jahr heiratete sie Fritz Anneke und zog mit ihm nach Köln. Das junge Ehepaar wohnte am Rheinufer, »Altes Ufer« 5-7, dort, wo heute die Bundesbahndirektion steht. Wie schon zuvor in Münster hatte Mathilde Kontakt zu Demokraten und führte ein sehr gastfreundliches Haus, das sich bald zum Zentrum frühsozialistischer Kreise in Köln entwickelte. Zusammen mit der Dichterin Emma Buntschu gründete sie einen Klub, der sich zweimal wöchentlich

traf. Es war, wie sie ihrer Mutter schrieb, »ein ästhetisches Kränzchen von lauter Communisten«. Zu den Gästen ihrer sogenannten kommunistischen Buketts gehörten Frauen und Männer, unter ihnen Emma und Georg Herwegh, Ida und Ferdinand Freiligrath. Auch mit Johanna und Gottfried Kinkel, den führenden Demokraten in Bonn, stand sie in Kontakt.

Mathilde Anneke war in Köln sicherlich die engagierteste Frau unmittelbar vor und während der 1848er Revolution, doch auch in anderen Städten machten Demokratinnen von sich reden. Die radikalste und verrufenste war Louise Aston, die sowohl die Religion als auch die Ehe grundsätzlich in Frage stellte und wegen ihrer die bürgerliche Ruhe und Ordnung gefährdenden Ideen erstmals 1846 aus Berlin ausgewiesen wurde. Zu den ganz wenigen, die sie unterstützten, gehörten die Annekes. Mathilde interpretierte die Ausweisung von Louise Aston scharfzüngig dahingehend, daß sich der preußische Staat durch sie offensichtlich als Mann beleidigt fühlte.

»Sie lebt jetzt in Köln und ist eine eifrige Mitarbeiterin an dem ultraradikalen Volksblatt; sie wühlt und erregt die Massen mit der Frau des Dichters und Deputirten(!) Kinkel um die Wette, die reizbaren Nerven machen ja die Frauen noch empfänglicher für das Revolutionsfieber als die Männer.« (zitiert nach Hanschke, S. 138)

Mit besonderem Engagement widmete sich Mathilde Anneke dem Erscheinen der »Neuen Kölnischen Zeitung«, insbesondere als ihr Mann, der als Herausgeber firmierte, in Haft war. Das Motto der Zeitung lautete: »Wohlstand, Freiheit und Bildung für alle«. Sie schrieb die meisten Artikel selbst, trieb Geld für den Druck auf, war Redaktrice und Setzerin in einer Person. Als die Zeitung verboten wurde, gab sie sie unter dem Namen »Frauen-Zeitung« weiter heraus, was zunächst etwas unpolitischer klang. Nun erschien sie im Zeitungskopf offiziell als Herausgeberin. Zwei Ausgaben lang hatte sie damit Erfolg, die dritte wurde allerdings beschlagnahmt.

Ganz nebenbei war sie gerade wieder Mutter geworden und hätte mit der Pflege des Säuglings und den Besuchen ihres Mannes im Gefängnis genug zu tun gehabt, zumal das Kind nicht unbedingt die Nachtruhe einhielt. So schrieb sie im September 1848 an den inhaftierten Fritz: »Der Junge hat diese Nacht so geschrien und mich gar nicht schlafen lassen vor lauter Tollköpfigkeit.« Doch es kamen viele Menschen zu ihr, um sich Rat zu holen – der Name Anneke war zu einer Instanz geworden. »Das Blatt, die Druckerei, das Proletariat,

das in Haufen zu mir gelaufen kommt, wenn's sich um seine Rechte bedroht glaubt – Frauen wie Männer – alles oblag mir.« (zitiert nach Hanschke, S. 138)
Nach der Entlassung ihres Mannes herrschte nur kurze Zeit Freude. Bald wurde Fritz Anneke wieder gesucht und mußte fliehen, ihr Haus war wiederholten Durchsuchungen ausgesetzt. Er schloß sich dem badisch-pfälzischen Aufstand an, und Mathilde beschloß, ihn im Kampf als Freischärlerin zu begleiten. »Unbewaffnet und in meiner gewöhnlichen Frauentracht, die nur durch ein leinernes Beinkleid zu einem Reitanzug komplettiert wurde«, diente sie ihrem Mann als Ordonnanzoffizierin. Da sie seit ihrer Kindheit eine erfahrene Reiterin war, vermittelte sie kriegswichtige Nachrichten zwischen der Front und den hinteren Linien.

Wenn sie auch nicht die einzige Frau in diesem Feldzug war, so fiel sie natürlich auf. Sie erfuhr Spott und Beleidigungen, aber auch Bewunderung von ihren männlichen Mitkämpfern. In dem kleinen Ort Ubstadt pilgerten Frauen zu ihrem Quartier, um sie zu ehren. Ihre Zeitgenossinnen scheinen im allgemeinen jedoch nicht viel Verständnis für sie gehabt zu haben, denn in ihren Memoiren schrieb Mathilde Anneke: »Viele von Euch im fremden wie im Heimathlande werden mich schmähen, dass ich, ein Weib, dem Kriegsrufe gefolgt zu sein scheine. Ihr besonders, Ihr Frauen daheim werdet mit ästhetischer Gravität sehr viel schönreden über das was ein Weib thun darf, thun soll. Ich habe das auch einst gethan, bevor ich noch gewußt habe, was ein Weib tun muß, wenn der Augenblick vor ihm steht und ihm gebietet. Seid milde, Ihr Frauen, (...) und richtet nicht; wisset, nicht der Krieg hat mich gerufen, sondern die Liebe – aber, ich gestehe es Euch – auch der Hass, der glühende, im Kampf des Lebens erzeugte Hass gegen die Tyrannen und Unterdrücker der heiligen Menschenrechte.« (zitiert nach Franken, S. 87)

Der Aufstand scheiterte, und die Annekes traten bei Nacht und Nebel eine abenteuerliche Flucht über den Rhein nach Straßburg an. Zusammen mit ihren Kindern emigrierten sie 1849 in die USA. Auch dort war Mathilde wieder aktiv. Sie gründete eine deutschsprachige Frauenzeitung, eröffnete und leitete eine renommierte Mädchenschule. Weiter engagierte sie sich im Kampf um das Frauenwahlrecht und schrieb unter anderem über die Situation von Sklavinnen. Auf persönlicher Ebene erfuhr sie viel Leid. Sie gebar noch fünf Kinder, von denen einige in sehr jungen Jahren starben. Ihre

Ehe mit Fritz wurde immer schlechter, so daß sie sich schließlich von ihm trennte. Viele Jahre lebte sie mit ihrer Freundin Mary Booth zusammen. 1884 starb sie in Milwaukee.

Lange Zeit war Mathilde Anneke in Vergessenheit geraten, obwohl sie die Grenzen dessen, wie sich eine Frau im neunzehnten Jahrhundert verhalten sollte, oft und bewußt überschritten hatte. Zwar konnte »mann« ihre spektakuläre Teilnahme am badisch-pfälzischen Aufstand sowie die der anderen »Amazonen« nicht übersehen, doch wurde ihr Handeln in der Geschichtsschreibung vielfach mit dem weiblichen Gefühl der liebenden Ehefrauen entschuldigt, die ihren Männern treusorgend gefolgt seien. Was als vielleicht gutgemeinte Ehrenrettung gedacht war, geriet in der öffentlichen Zuschreibung eher zu einer Entmündigung und Reduzierung der selbständigen Frauen zu Anhängseln ihrer Ehemänner. Dies traf auf Mathilde Anneke wahrlich nicht zu.

Sie war unkonventionell, mutig und selbstbewußt, für viele Männer sicher eine unbequeme Zeitgenossin.

Mittlerweile ist ihr Engagement für Demokratie und Frauenrechte in Köln soweit gewürdigt, daß die Stadt auf Vorschlag des Kölner Frauengeschichtsvereins eine Skulptur von Mathilde Anneke auf dem Rathausturm aufstellen ließ. Gespendet wurde sie von der Arbeitsgemeinschaft sozialdemokratischer Frauen. Seit einigen Jahren ziert ihr Kopf auch eine Briefmarke in der Serie »Frauen in der deutschen Geschichte«.

Tortilla auf den Poller Wiesen: Spanische »Gastarbeiterinnen«

Was für die Spanierinnen ein normaler Ausflug war, stellte zu Beginn der sechziger Jahre für viele Einheimische eine Sensation dar. »Eines Tages beschlossen wir, ein großes Picknick zu machen«, erzählt Juanita Perez. »Wir bereiteten Tortilla und andere Sachen vor und gingen zum Rhein auf die Poller Wiesen. Dort legten wir eine Decke aus, packten unseren Proviant, Teller und Gläser aus. Wir waren eine große Gruppe junger Mädchen, das fiel sehr auf. Die Deutschen, die ihren Sonntagsspaziergang machten, machten große Augen und gingen im Kreis um uns herum. Das hatten sie noch nicht gesehen.« Die spanischen Frauen amüsierten sich köstlich über die KölnerInnen – auch sie hatten solch eine Situation noch nicht erlebt.

Fleißige, selbstbewußte Arbeitskräfte

1960 schloß die Bundesrepublik mit Spanien ein Abkommen über die Anwerbung von Arbeitnehmern und Arbeitnehmerinnen. Nach dem ersten großen Wirtschaftsaufschwung in den fünfziger Jahren und annähernder Vollbeschäftigung suchten deutsche Unternehmen dringend neue Arbeitskräfte. In Madrid und Burgos richtete die deutsche Regierung Niederlassungen des Arbeitsamtes ein bei denen sich Arbeitswillige melden konnten. Da die Löhne in Spanien niedrig waren, klangen die Angebote aus Deutschland verlockend. Arbeitsvertrag und Aufenthaltserlaubnis waren zunächst auf ein Jahr befristet.

Die meisten GastarbeiterInnen wußten nicht, was sie in Deutschland erwartete. Einige hatten vor der Reise ein Seminar der Anwerbekommission besucht, in dem sie ein paar Brocken Deutsch gelernt hatten. Doch viele sprachen bei ihrer Ankunft kein Wort deutsch. Für die jungen Mädchen und Frauen bedeutete die Entscheidung, nach Deutschland zu gehen, einen großen Schritt in die Selbständigkeit, dem oft ein harter Kampf um die elterliche Erlaubnis vorausgegangen war. Somit besaßen die jungen Frauen, die allein kamen und keinen Ehemann nach Deutschland begleiteten, eine gemeinsame Erfahrung: Sie hatten es geschafft, sich durchzusetzen. Ihr Entschluß setzte Mut voraus gepaart mit einer Portion Abenteuerlust.

Juanita Perez erzählt, wie sie nach Köln kam: Eine ihrer Freundinnen war 1960 als Gastarbeiterin nach Hannover gegangen. Zu Weihnachten schickte sie ihr eine romantische Postkarte, auf der eine Schneelandschaft abgebildet war. Das Bild begeisterte sie so sehr, daß sie sich bald entschloß, auch nach Deutschland zu fahren. Sie konnte sich jedoch nicht aussuchen, in welche Stadt sie kam. Kurz vor der Abfahrt erfuhr sie zu ihrem Erstaunen, daß ihr Zielort Köln war.

Spanische Arbeiterinnen gingen in Köln scharenweise zur Schokoladenfabrik Stollwerck, die mit ihnen sehr zufrieden war, weil sie sich »schnell anpaßten« und nach Auskunft einer Fabrikinspektorin »sauber« waren. Zu Beginn der sechziger Jahre suchte das Werk ständig weitere weibliche Arbeitskräfte. Der Hunger nach Schokolade schien unersättlich. Die meisten Gastarbeiterinnen waren nach damaligem Recht noch minderjährig. Sie mußten achtzehn Jahre alt sein und eine Mindestgröße von 1,58 Meter haben, damit sie Maschinen und Fließbänder ohne Probleme bedienen konnten. Weitere Bedingungen waren: Gesundheit und keine Vorstrafen.

In der Regel hatten die Spanierinnen zuvor nicht in einer Fabrik gearbeitet. Einige hatten eine Ausbildung als Schneiderin oder als Verkäuferin gemacht. Viele Frauen gewöhnten sich schnell an die Arbeit bei Stollwerck. Ihre Aufgabe bestand darin, Pralinenschachteln zu falten, Mandelsplitter auf Konfekte zu setzen oder Osterhasen und Weihnachtsmänner zu verpacken. Im Akkord verdienten sie bis zu zwei Mark pro Stunde. Jede Woche gab es für die Arbeiterinnen ein »Wochenpäckchen« mit Schokolade im Wert von drei Mark. Manchen gelang die Eingewöhnung jedoch nicht, und sie kehrten nach Spanien zurück, bevor das vereinbarte Jahr vergangen war. Anderen fiel es leicht, weil sie eine verständnisvolle Vorarbeiterin hatten. So erzählt Juanita Perez: »Wir hatten in unserer Abteilung eine Chefin, die uns wirklich liebte, und wir Mädchen liebten

Spanische Arbeiterinnen bei Stollwerck verzieren das Konfekt mit Mandelsplitter. (um 1961)

sie auch. Sie war wie eine Mutter, half uns bei Problemen und guckte sich unsere Freunde an. Im Urlaub schickte sie uns immer eine Postkarte.«

Die Verständigung der Werksleitung mit den Spanierinnen klappte trotz Übersetzern nicht immer, was im April 1961 zu erheblichem Aufsehen führte: 110 spanische Arbeiterinnen traten in wilden Streik, weil sie ihren Lohn nicht erhalten hatten. Voller Kampfbereitschaft fuhr eine Delegation von 60 Frauen zum Konsulat nach Düsseldorf. Dort erfuhren sie, daß es bei der Lohnzahlung zu Verzögerungen gekommen war, was den Spanierinnen anscheinend nicht erklärt worden war. Eine Arbeiterin kündigte nach diesem Vorfall, die anderen Streikenden verpflichteten sich, die versäumte Schicht nachzuholen.

Alltag im fremden Land

Die Firmen konnten nur dann ausländische Arbeitskräfte anfordern, wenn sie ihnen geeignete Unterkünfte zur Verfügung stellten. Stollwerck hatte für die Spanierinnen ein Heim in der Severinsmühlengasse eingerichtet. In den Zimmern standen vier bis acht Betten – zwischen den Betten war ein Mindestabstand von zwanzig Zentimetern vorgeschrieben. Jede Etage hatte eine große Küche mit vielen Herdstellen. Die Miete betrug eine Mark pro Tag.

Es gab eine genaue Hausordnung: So durfte in den Zimmern kein Besuch empfangen werden, und der abendliche Ausgang endete um 22 Uhr. Eine deutsche Hausmutter, die mit den Mädchen und Frauen zusammenwohnte, führte die Aufsicht. Sie weckte die Arbeiterinnen morgens und schloß nachts die Haustür. »Wir nannten sie die Madame. Sie war sehr korrekt«, umschreibt Juanita Perez ihr strenges Regiment, »wenn wir abends nach Hause kamen, stand sie schon mit der Uhr in der Hand, um uns zu empfangen.«

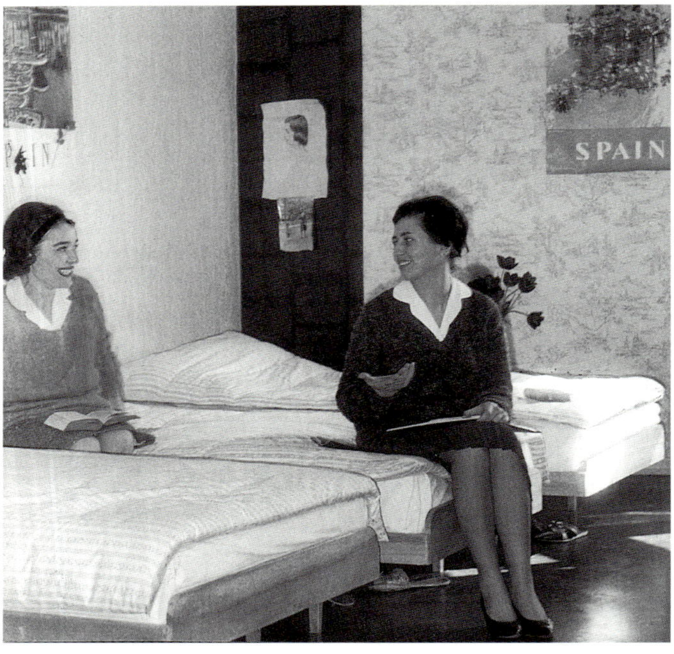

In der »Residencia«, wie die Spanierinnen das Wohnheim nannten, herrschte in den 60er Jahren eine strenge Hausordnung.

Die Gemeinschaft untereinander half den Spanierinnen in der Anfangszeit sehr. Hatte eine Heimweh, so heiterten die Kameradinnen sie wieder auf. Manche vermißten die Familie, das Klima und das helle Licht aus Kastilien. Eine Spanierin erinnert sich mit Grausen an den grauen Himmel während ihres ersten Kölner Winters – »horroroso«. Doch bald überwogen die Vorteile des neuen Lebens: Die jungen Mädchen konnten ein vergleichsweise freies Leben führen und selbst entscheiden, wofür sie das Geld, das ihnen zur Verfügung stand, ausgaben.

Im Heim wohnten über hundert Gastarbeiterinnen, die im Severinsviertel bald bekannt waren. Sie gingen selten allein auf die Straße, sondern meist in Gruppen und fielen sofort auf. Sie lachten viel und waren ein bißchen exotisch. Mit den Deutschen machten sie in der Regel gute Erfahrungen. Sie gehörten zu den ersten Gastarbeiterinnen in Köln, waren jung, wirkten »anständig« und appellierten sicherlich an die »Beschützerinstinkte« älterer Deutscher. Daß sie aus einem so katholischen Land wie Spanien kamen, war vielen KölnerInnen wahrscheinlich besonders sympathisch. Natürlich begegneten den Spanierinnen auch Vorurteile: KollegInnen behandelten sie manchmal wie Analphabeten. Doch meint Juanita Perez, daß sie selbst unbedarft war und solche Diskriminierungen nicht ernst genommen hätte. In damaligen Zeitungsartikeln kommt bisweilen Unverständnis gegenüber den Fremden zum Ausdruck, es gab sogar Anweisungen, wie »der Spanier« bzw. »die Spanierin« richtig zu behandeln seien.
Ihre Freizeit verbrachten die Spanierinnen während der Woche großenteils im Heim. Viele hatten einen zweiten Job und putzten abends, um der Familie Geld zu schicken. Die anderen gingen nach der Arbeit einkaufen, kochten, schrieben Briefe an die Eltern und nähten oder stickten für die Aussteuer. Sie führten ein häusliches Leben, jedoch nicht so zurückgezogen wie die Deutschen. So wunderten sie sich sehr, daß die Straßen nach Geschäftsschluß wie ausgestorben waren, und vermißten die Straßencafés aus ihrer Heimat.

»Der Spanier ist ein ›Alles-Arbeiter‹ – Von seiner richtigen Behandlung hängt aber auch alles ab:« »Die Spanier sind im allgemeinen fleißige und vor allem sehr bewegliche Arbeitskräfte, die nicht an einer starren Spezialisierung festhalten. (...) So schnell der Spanier sich jedoch in eine ihm von Hause aus fremde Arbeit hineinfindet, weil er ein natürliches technisches Einfühlungsvermögen besitzt, so schwer wird ihm oft die Einreihung in einen anderen Lebensrhythmus und eine fremde Ernährungsweise. Er sollte also besser in geschlossenen Gruppen und nicht so sehr als ein Einzelgänger verwandt werden.« (Kölner Stadt-Anzeiger vom 8.7.1960)

Am Wochenende zeigten sich die Frauen unternehmungslustig: Sie gingen gern am Rhein spazieren – sogar im Winter. Besonders diejenigen, die aus einer wasserarmen Region kamen, fanden den Fluß sehr faszinierend. Juanita Perez erzählt, daß sie mit ihren Freundinnen oft mit der Fähre in den Rheinpark fuhr; gelegentlich unternahmen sie auch Bootsausflüge nach Zons, Königswinter oder bis nach Koblenz. Im Severinsviertel hatten sie ein Lieblingslokal, das sie oft besuchten: das italienische Eiscafé »Napoli«. Abends gingen sie manchmal ins Kino oder zum Tanzen – genauso wie ihre deutschen Kolleginnen. Übereinstimmend sagen heute mehrere ehemalige Stollwerck-Arbeiterinnen: »Pasamos muy bien.« – Wir hatten eine schöne Zeit.

Erste multikulturelle Anzeichen

Einige Spanierinnen betonen heute, wie sehr sich Deutschland seit ihrer Ankunft zu Beginn der sechziger Jahre verändert habe. Ihnen kam damals manches Verhalten fremd vor. So waren sie sehr erstaunt, daß im Sommer viele deutsche Frauen trotz Hitze lange Strümpfe und teilweise sogar Handschuhe trugen. Zwar gefiel es den meisten in Köln, doch konnten sie sich mit dem deutschen Essen nicht anfreunden. Viele verschmähten das Kantinenessen bei Stollwerck, obwohl es nur fünfzig Pfennig kostete. Außerdem fanden sie das Angebot an Gemüse und Obst sehr eintönig. »Ich hätte so gern eine Banane oder Orange gegessen«, erinnert sich Juanita Perez, »aber es gab meistens nur Äpfel.« Der Händler des Obststandes vor der Severinskirche, bei dem die Gastarbeiterinnen viel einkauften, wollte seine neuen Kundinnen jedoch nicht enttäuschen und ging auf ihre Wünsche ein. Bald hatte er Paprika und Apfelsinen in seinem Sortiment, und er lernte einige spanische Wörter.
Mit der Zeit hinterließen die spanischen Arbeiterinnen ihre Spuren. Es gab Gottesdienste auf Spanisch, und im Kino »Rhenania« wurden spanische Filme gezeigt. Spanierinnen nahmen an Karnevalsumzügen teil und waren in heimatlicher Tracht bei Fronleichnamsprozessionen zu sehen. Insbesondere im Severinsviertel prägten sie das Straßenbild entscheidend, was sich 1965 noch verstärkte, als in der Spielmannsgasse das Theresa-Avila-Haus für spanische Arbeiterinnen eröffnet wurde. Sie brachten frischen Wind in die biedere deutsche Wohlstandsgesellschaft und trugen dazu bei, daß sich die Kölnerinnen und Kölner langsam fremdem Essen und einigen anderen Lebensgewohnheiten öffneten.

(Gespräch mit ehemaligen spanischen Gastarbeiterinnen und einer Fabrikinspektorin bei Stollwerck; Interview mit Juanita Perez)

Literatur und Quellenangaben

Ahrens, Karin: Rodenkirchen in alten Ansichten. Köln 1992.

Amling, Elisabeth: »Zum gegenseitigen Schutz gegen die Härten, Gefahren und Kämpfe des Lebens.« Der Cölner Verein weiblicher Angestellter. In: »10 Uhr pünktlich Gürzenich«. Köln 1995.

Ariadne. Almanach des Archivs der deutschen Frauenbewegung. Heft 11, Juli 1988. Schwerpunkt: Reisefieber.

Arnim, Bettine von: »Die Gründerode«. Leipzig 1983.

Bab, Bettina: » … unter Schmerzen sollst du gebären«. Entwicklung zur bürgerlichen Mutterideologie. In: Stadt der Frauen. Szenarien aus spätmittelalterlicher Geschichte und zeitgenössischer Kunst. Hrsg. v. Annette Kuhn und Marianne Pitzen. Zürich/Dortmund 1994.

Bachmann, Vera: Bademode. Zwischen Schamgefühl und Lebenslust. Kassel 1997.

Becker, Ellen: Entwicklung des Frauenruderns. Greven 1992.

Benecke, A.: Schul- und Sportschwimmen. Leipzig 1924.

Beschlüsse des Rates der Stadt Köln, Bd. 1, bearb. v. Manfred Huiskes. Düsseldorf 1990.

Bierbrauen im Rheinland. Hrsg. v. Gerd Fischer u.a. Köln 1985.

Bock, Gisela: »Keine Arbeitskräfte in diesem Sinne«. In: Prostituierte und ihre Kämpfe. Hrsg. v. Pieke Biermann. Reinbek bei Hamburg 1980.

Bodarwé, Katrinette/Kerstin Schukowski: »Wenn ich je in diesen Gefäßen …« Die Kunst des Bierbrauens. In: Stadt der Frauen. Szenarien aus spätmittelalterlicher Geschichte und zeitgenössischer Kunst. Hrsg. v. Annette Kuhn und Marianne Pitzen. Zürich/Dortmund 1994.

Cölner Köchinn. Oder: Sammlung der besten und schmackhaftesten Speisen für den herrschaftlichen so wohl als bürgerlichen Tisch. Cöln 1806.

Cyrus, Hannelore: Von erlaubten und unerlaubten Frauenarten, um Freiheit zu kämpfen – Freiheitskämpferinnen im 19. Jahrhundert und die Freie Hansestadt Bremen. In: Grenzgängerinnen. Hrsg. v. Helga Grubitsch u.a. Düsseldorf 1985.

Das Buch Weinsberg. Aus dem Leben eines Kölner Ratsherrn. Köln 1990.

Der Rhein. Seine poetische Geschichte in Texten und Bildern. Hrsg. v. Helmut Schneider, Frankfurt a.M. 1983.

Die große Wäsche. Ausstellungskatalog des Landschaftsverbandes Rheinland und des Rheinischen Museumsamtes. Bonn 1988.

Die neue Frauenkleidung. Mitteilungen des Vereins zur Verbesserung der Frauenkleidung. Köln 1906. Heft 4. [Ab 1908 erweiterten die Frauenrechtlerinnen den Vereinsnamen um »und Frauenkultur«, 1910, Heft 7]

Die Verbesserung der Frauenkleidung – eine Notwendigkeit! Hrsg. v. Verein zur Verbesserung der Frauenkleidung (Broschüre). Köln 1904.

Dietmar, Carl/Werner Jung: Kleine illustrierte Geschichte der Stadt Köln. Köln 1996.

Dokumentationsfilm: »Frau Kapitän«, am 5.6.1996 im BR ausgestrahlt.

Droste-Hülshoff, Annette von: Sämtliche Briefe. Hrsg. v. Winfried Woesler. München 1996.

Duby, Georges/Michelle Perrot: Geschichte der Frauen. Bd. 3 und 4. Frankfurt a.M./New York 1994.

Fings, Karola/Frank Sparing: Das Zigeunerlager in Bickendorf 1935-1958. In: 1999 (Zeitschrift), Heft 3, 1991.

Fings, Karola: Ford verklagt. In: Stadtrevue 4/1998.

Fings, Karola: Messelager in Köln. Ein KZ-Außenlager im Zentrum der Stadt. Köln 1996.

Finzsch, Norbert: Obrigkeit und Unterschichten. Zur Geschichte der rheinischen Unterschichten gegen Ende des 18. und zu Beginn des 19. Jahrhundert. Stuttgart 1990.

Fleckenstein, Gisela: Warum ist es am Rhein so schön? Aspekte der Rheinromantik von etwa 1800 bis zur Gegenwart. In: Der Rhein. Mythos und Realität eines europäischen Stromes. Hrsg. v. Hans von Boldt u.a. Köln 1988.

Franken, Irene/Ina Hoerner: Hexen. Die Verfolgung von Frauen in Köln. Köln o.J.

Franken, Irene: Köln. Der Frauen-Stadtführer. Köln 1995.

Franken, Irene: »Bleibt länger nicht die Betrogenen«. Die demokratische Feministin Mathilde Franziska Anneke in Köln. In: Das war 'ne heiße Märzenzeit. Hrsg. v. Fritz Bilz und Klaus Schmidt. Köln 1998.

Frauen an Bord. Mitteilungen aus dem Museum der

Deutschen Binnenschiffahrt. Duisburg-Ruhrort 1985/86.

Fuß, Ulrike: Die Loreley. Die Geschichte einer legendären Frau. In: Mythos Rhein. Ein Fluß – Bild und Bedeutung. Hrsg. v. Richard Gassen und Bernhard Holeczek. Ludwigshafen 1992.

Gegen den braunen Strom, Kölner WiderstandskämpferInnen heute im Portrait. Hrsg. v. NS-Dokumentationszentrum der Stadt Köln. Köln 1991.

Gespräch mit Charlotte Duhr und Karin Scheuber. (Kapitel 8, Frauenleben an Bord)

Gespräch mit ehemaligen spanischen Gastarbeiterinnen und einer Fabrikinspektorin bei Stollwerck (Kapitel 21)

Gora, Sabine: Die Anfänge des Vereinssports für Frauen in Köln zwischen 1871 und 1914. Diplomarbeit an der Sporthochschule Köln 1993

Grimm, Jakob: Deutsche Mythologie. Bd. 1. Frankfurt a.M./Berlin/Wien 1981.

Grisard, Karolin: »... bei ihrer Frauenehre soll sie auf den Turm gehen ...« – Frauen im Strafrecht, S. 107-110. In: Stadt der Frauen. Szenarien aus spätmittelalter Geschichte und zeitgenössischer Kunst. Hrsg. v.: Annette Kuhn und Marianne Pitzen. Zürich/Dortmund, 1994.

Häfen in Köln, 100 Jahre Rheinauhafen. Hrsg. v. Häfen- und Güterverkehr Köln AG. Köln1998.

Hahn, Gernot von/Hans-Kaspar von Schönfels: Wunderbares Wasser. Von der heilsamen Kraft der Brunnen und Bäder. Stuttgart 1980.

Hanschke, Annette: Mathilde Franziska Annekes Leben in Deutschland (1817-1849). Magisterarbeit der Universität Köln 1991.

Hedinger, Bärbel/Michael Diers: Saison am Strand. Badeleben an Nord- und Ostsee. 200 Jahre, Katalog zur Ausstellung. Hamburg 1986.

Hermanns, Angelika: Rheintöchter. Frauenleben in, am und auf dem Rhein. In: Köln der Frauen. Hrsg. v. Irene Franken und Christiane Kling-Mathey. Köln 1992.

Historisches Stadtarchiv Köln. Bestand Hafendirektion 791 und 792.

Hundert Jahre bewegte Frauen in Köln. Hrsg. v. Kölner Frauengeschichtsverein. Köln 1995.

»Ich bin illegal.« In: Stadtrevue 3/98.

Interview mit Hilde Peltzer, April 1998 und März 1999, Kassette im Kölner Frauengeschichtsverein. (Kapitel 6)

Interview mit Juanita Perez (Kapitel 21)

Interviews mit ehemaligen Zwangsarbeiterinnen, NS-Dokumentationszentrum (Kapitel 13 und 16)

Irsigler, Franz/Arnold Lassotta: Bettler und Gaukler, Dirnen und Henker. Köln 1984.

Klebe, A.: Reise auf dem Rhein, durch die deutschen Rheinländer, und durch die frz. Departemente. Frankfurt a.M. 1801.

Klersch, Joseph: Volkstum und Volksleben in Köln. Bd. 2. Köln 1969.

Kling-Mathey, Christiane: »Warum sollte das Weib überhaupt die schweigsame Duldnerin fortan noch sein?« Mathilde Franziska Anneke und die Kölner Frauen-Zeitung von 1848. In: Köln der Frauen. Hrsg. v. Irene Franken und Christiane Kling-Mathey. Köln 1992.

Koch, Karl-Wilhelm/Gustav Röhr: Der Rhein. Verkehrsweg im Herzen Europas. Krefeld 1985.

Kölner Verein zur Verbesserung der Frauenkleidung und Frauenkultur. In: Vom Handstand in den Ehestand. Frauensport im Rheinland bis 1945. Köln 1995.

Kölner Stadt-Anzeiger vom 8.7.1960: »Der Spanier ist ein ›Alles-Arbeiter‹« und vom 18.4.1961: »Aus mit dem Kampf!«

Kranz, Horst: Die Kölner Rheinmühlen. Bd. 1 und 2. Aachen 1993.

Lange, Sophie: Wo Göttinnen das Land beschützten. Bad Münstereifel 1995.

Langen, Gaby (Hrsg.): Vom Handstand in den Ehestand. Frauensport im Rheinland bis 1945. Köln 1995.

Louis, Reinhold: Kölner Originale. Die Welt der alten Kölner Originale und Straßenfiguren. Köln 1985.

Mathar, Franz: Köbes, noch e Kölsch! Köln 1996.

Matuszewski, Nina: Der Volkswartbund. Magisterarbeit der Universität Köln 1995.

Mausbach, Joseph: Sittlichkeit und Badewesen. Köln 1930.

Mick, Elisabeth: Köln im Mittelalter. Köln 1990.

Moog, Hanna: Die Wasserfrau. Von geheimen Kräften, Sehnsüchten und Ungeheuern mit Namen Hans. München 1990.

Müller, Cornelia: Der Kunibertspütz und die Kinderbornlegende. In: Colonia Romania VII (St. Kunibert). Köln 1992.
Ninck, Martin: Die Bedeutung des Wassers im Kult und Leben der Alten. Leipzig 1921.
Nottelmann, Annette: Von Beginen und Bayenamazonen. Frauengeschichte im Kölner Severinsviertel. Hrsg. v. Kölner Frauengeschichtsverein. Köln 1994.
Onstein, Brigitte: Die Turn- und Sportkleidung der Frauen in Deutschland von 1800 bis zum 1. Weltkrieg. Diplomarbeit an der Sporthochschule Köln 1989.
Pfister, Gertrud: Frau und Sport. Frankfurt a.M. 1980.
Roter Stern. Mitteilungsblatt des Kölner Rudervereins von 1877 e.V. 25 Jahre Frauenrudern unter dem Wahrzeichen von Rodenkirchen. Köln 1954.
Rüttner-Cova, Sonja: Frau Holle. Die gestürzte Göttin. Basel 1986.
Schneider, Helmut (Hrsg.): Der Rhein. Seine poetische Geschichte in Texten und Bildern, Frankfurt a.M. 1983.
Schopenhauer, Johanna: Ausflug nach Köln im Jahre 1828. Hrsg. von Willy Leson. Köln 1975.
Schwarzer, Alice (Hrsg.): Turm der Frauen. Der Kölner Bayenturm. Vom alten Wehrturm zum FrauenMediaTurm. Köln 1994.
Schwerhoff, Gerd: Köln im Kreuzverhör. Kriminalität, Herrschaft und Gesellschaft in einer frühneuzeitlichen Stadt. Bonn/Berlin 1991.
Schwerhoff, Gerd: »Mach, daß wir nicht in eine Schande geraten!« Frauen in Kölner Kriminalfällen des 16. Jahrhunderts. In: Geschichte in Wissenschaft und Unterricht 44, 1993.
Selbmann, Sibylle: Mythos Wasser. Symbolik und Kulturgeschichte. Karlsruhe 1995.
Stankowski, Martin: Köln. Der andere Stadtführer. Bd. 2. Köln 1989.
Stehlgens, Meike: Juden und Jüdinnen im mittelalterlichen Köln. In: Stadt der Frauen. Szenarien aus spätmittelalterlicher Geschichte und zeitgenössischer Kunst. Hrsg. v. Annette Kuhn und Marianne Pitzen. Zürich/Dortmund 1994.
Stein, Claudia: Baden: Lust oder Laster? In: Stadt der Frauen. Szenarien aus spätmittelalterlicher Geschichte und zeitgenössischer Kunst. Hrsg. v. Annette Kuhn und Marianne Pitzen. Zürich/Dortmund 1994.
Stein, Claudia: Sozialhistorische Aspekte der städtischen Prostitution in der Frühen Neuzeit am Beispiel Kölns. In: Rheinisches Jahrbuch für Volkskunde. Hrsg. v. H. L. Cox. Bd. 31. 1995/96.
Steppat, Stephanie: Schifferfrauen auf dem Rhein. Die familiäre und soziale Lage der Frauen von Binnenschiffern. Mainz 1987.
Storch, Wolfgang: Rheingold. In: Mythos Rhein. Ein Fluß – Bild und Bedeutung. Hrsg. v. Richard Gassen und Bernhard Holeczek. Ludwigshafen 1992.
1000 Jahre Rodenkirchen. Streifzüge durch die Geschichte. Hrsg. v. der Bezirksvertretung Köln. Köln 1988.
Tümmers, Horst Johannes: Der Rhein. Ein europäischer Fluß und seine Geschichte. München 1994.
Tümmers, Horst Johannes: Rheinromantik. Romantik und Reisen am Rhein. Köln 1968.
Wagner, Maria: Mathilde Franziska Anneke in Selbstzeugnissen und Dokumenten. Frankfurt a.M. 1980.
Wagner, Rita: Cöln. Die sozialen Verhältnisse um 1900. Köln 1989.
Wagner, Rita: Waschen in Köln. In: Köln der Frauen. Ein Stadtwanderungs- und Lesebuch. Hrsg. v. Irene Franken und Christiane Kling-Mathey. Köln 1992.
Weber, Heinz: Baden im Rhein. In: Jahrbuch des Kölnischen Geschichtsvereins. Heft 46, Köln 1975.
Weber, Marga: »Die Frau im Bade«. In: Antike Badekultur. München 1996.
Wensky, Margret: Die Stellung der Frauen in der stadtkölnischen Wirtschaft im Spätmittelalter. Köln 1980.
Wevering, Renate: Prostitution in Köln im 19. Jahrhundert. In: Geschichte in Köln. 1996.
Wirtz, Josef: Die Gemeinde Rodenkirchen. Sechtem bei Bonn 1967.
Zeugen Kölner Brau-Kultur 1396-1996. Hrsg. v. Historischen Archiv Köln. Köln 1996.
Zwangsarbeit bei Ford. Hrsg. v. d. Projektgruppe Messelager. Köln 1996.

Die Autorinnen

Bettina Bab, geb. 1959, Historikerin und Museumsfachfrau
- seit 1994 Mitarbeiterin im Kölner Frauengeschichtsverein
- Stadtrundgänge, Veröffentlichungen mit dem Schwerpunkt Frauengeschichte im Nationalsozialismus,
- Mitarbeit an Ausstellungen – Konzeption der eigenen Ausstellung »Der normierte Mensch« – NS-Plakate
- Konzeption der frauengeschichtlichen Rheinrundfahrt
- Rheinbegeistert

Verfasserin folgender Kapitel in diesem Buch: Gute Göttinen – böse Hexen; Rituelle Reinigungen im Rhein; Der Kinderbrunnen von St. Kunibert; Frauenleben an Bord; Bierbrauen – eine Frauenkunst; Grietgen, die »Fischmengerse«; Frauenarbeit im Rheinauhafen; Zwangsarbeiterinnen bei Ford; Das Schicksal der Kindsmörderinnen; »Lästige« Frauen: Prostituierte; Frauen im NS-Meseselager; Frauenreichtum und Frauenrechte im späten Mittelalter; Mathilde Franziska Anneke; Tortilla auf den Poller Wiesen: Spanische »Gastarbeiterinnen«.

Die »Rheintöchter« Katharina Regenbrecht (links) und Bettina Bab (rechts)

Katharina Regenbrecht, geb. 1960, Diplom-Pädagogin und Musiktherapeutin
- seit 1987 Mitarbeiterin im Kölner Frauengeschichtsverein
- Vorträge, Seminare, Stadtrundgänge, Mitarbeit bei Ausstellungen und Veröffentlichungen, Organisation
- seit 1998 Koordinatorin eines Sozialen Dienstes in einem Alten- und Pflegeheim
- Idee und Konzeption der frauengeschichtlichen Rheinrundfahrt
- Wasserbegeistert und Rheinliebhaberin!

Verfasserin folgender Kapitel:
»Vater Rhein«, Wasserfrauen, Rheintöchter und Loreley; »Das Reisen ist des Weibeslust.«; »Frauen schwimmen und rudern gegen den Strom.«; Rheinüberquerungen – Von »ehrbaren« Jungfrauen und »ehrlosen« Weibspersonen; »Wir Kölner Waschweiber wollen weiße Wäsche waschen.«; Hygiene, Körperlust und Sittlichkeit: Baden im Rhein; Der Bayenturm – Von der Stadtbefestigung zum Frauenturm.

Der Kölner Frauengeschichtsverein unterwegs – Wir über uns

Am Ende unserer fiktiven Ausflugsfahrt möchten wir Ihnen den Kölner Frauengeschichtsverein etwas ausführlicher vorstellen.

Wenn wir mit unserem – realen – Schiff, der Colonia 5, auf Fahrt sind, verkündet eine große Plane an der Reeling »Der Kölner Frauengeschichtsverein unterwegs«. Dies ist nicht nur ein Slogan, der die SpaziergängerInnen auf der Uferpromenade auf uns aufmerksam machen soll. Er spiegelt vielmehr das Motto unserer Arbeit.

Seit 1985 sind die Vereinsmitarbeiterinnen – Historikerinnen, Pädagoginnen, Ethnologinnen, Volks- und Kulturwissenschaftlerinnen – unterwegs: Forschend arbeiten wir uns kreuz und quer durch die Geschichte der Stadt. Um diese Zeitreisen unternehmen zu können, sind wir ständig auf dem Weg zu Archiven und Bibliotheken, zu Zeitzeuginnen und an die Orte historischen Geschehens. Auf diese Weise suchen und sammeln wir die oft schwer auffindbaren Spuren der Kölner Frauengeschichte.

Mit den Ergebnissen dieser Arbeit sind wir dann wieder unterwegs: mit BesucherInnengruppen bei unseren Stadtrundgängen, Führungen und der Rheinrundfahrt oder als Referentinnen auf Seminaren und Kongressen. Darüber hinaus haben wir mit unseren Ausstellungen, Veröffentlichungen und politischen Initiativen in den letzten 15 Jahren Teile der Frauengeschichte sichtbar gemacht und in ihrer Lebendigkeit sowie Aktualität Frauen (und Männern) nicht nur in Köln vermittelt. Es geht uns nicht darum, historische Frauen als Heldinnen oder hilflose Opfer zu zeigen, sondern die Vielfalt und Problematik ihrer Lebensformen aufzuspüren und zu vermitteln.

Wir freuen uns, wenn Ihnen unsere fiktive Schiffsfahrt gefallen hat, und laden herzlich ein, an einer Rheinrundfahrt, einem Stadtrundgang oder einer Führung teilzunehmen. Fordern Sie unser Programm an. Ganz am Schluß, bevor Sie das Schiff verlassen, noch ein kurzer Werbeblock:

Der Kölner Frauengeschichtsverein freut sich über jede gute Nachrede, Mitgliedsbeiträge, große und kleine Spenden und Engagement:

- empfehlen Sie uns weiter
- kaufen, lesen und verschenken Sie unsere Bücher und Broschüren
- treten Sie dem Verein als passives oder aktives Mitglied bei
- spenden Sie uns Geld .

Auch inhaltlich können Sie uns unterstützen: Wir sind stets auf der Suche nach Materialien zur Kölner Frauengeschichte. Tagebücher, Briefe, Nachlässe von Einzelfrauen, Vereinen und Projekten, Fotos und Informationen von Ihnen oder Ihren Vorfahrinnen helfen, Wissenslücken zu schließen. Rufen Sie uns an, wenn wir Ihnen oder Sie uns etwas bieten können.

Dr. Katrin Dördelmann

Veröffentlichungen des Kölner Frauengeschichtsvereins:

Ahrendt-Schulte, Ingrid: Weise Frauen – böse Weiber. Die Geschichte der Hexen in der Frühen Neuzeit, Freiburg i. Br. 1994

Dördelmann, Katrin: Kölner Frauen im Nationalsozialismus 1933-1945 (Unterrichtsmaterialien), hrsg. v. NS-Dokumentationszentrum der Stadt Köln, Köln 1995

Dördelmann, Katrin: Die Macht der Worte. Denunziationen im nationalsozialistischen Köln. Schriften des NS-Dokumentationszentrums der Stadt Köln, Band 4, Köln 1997

Franken, Irene/Kling-Mathey, Christiane (Hg.): Köln der Frauen. Ein Stadtwanderungs- und Lesebuch, Köln 1992

Franken, Irene: Köln. Der Frauen-Stadtführer, Köln 1995

Franken, Irene: »Ja, das Studium der Weiber ist schwer!« Studentinnen und Dozentinnen an der Kölner Universität, Köln 1995

Nottelmann, Annette: Von Beginen und Bayenamazonen. Frauen-

geschichte im Kölner Severinsviertel, hrsg. v. Kölner Frauengeschichtsverein, Köln 1994 (Broschüre zum gleichnamigen Stadtrundgang durch das Severinsviertel)
»10 Uhr pünktlich Gürzenich«. Hundert Jahre bewegte Frauen in Köln – zur Geschichte der Organisationen und Vereine, hrsg. v. Kölner Frauengeschichtsverein, Münster 1995 (Buch zur gleichnamigen Ausstellung des Frauengeschichtsvereines)
Im Frühjahr 2000 erscheint: Lebensläufe Frauenbewegter Kölnerinnen (vorläufiger Titel) Jazaeri, Shirin/Staudenmeyer, Renate:

Stadtrundgänge:

- Touristin in der eigenen Stadt. Rundgang durch die Kölner Alstadt
- Von Beginen und Bayenamazonen. Frauengeschichte im Severinsviertel
- Flanieren, Studieren, Agieren: Frauenleben am Rathenauplatz
- Kennen Sie den Griechenmarkt? Frauen im Herzen der Stadt

Führungen durch Kirchen und Museum:

- Kaiserin Theophanu
- Von Isis bis Ursula – Göttinnen und weibliche Heilige in Köln
- Nonnen und Stiftsdamen – religiöses Frauenleben im Mittelalter
- Frauen im Nationalsozialismus – Führung durch die Gedenkstätte und Dauerausstellung im EL-DE-Haus

Die Bücher, aktuelle Programme mit den Terminen der Rundgänge und Führungen sowie Karten für die Rheinfahrt erhalten Sie beim:

Kölner Frauengeschichtsverein, Marienplatz 4, 50676 Köln
Tel.: 0221/24 82 65, Fax: 240 35 87, e-mail:kfgv@netcologne.de
website: www.k-frauengeschichtsverein.de

Bildnachweis

Emons, Hermann-Josef: Titelbild, S. 113
Rheinisches Bildarchiv: S. 7, 8, 15, 26, 29, 32, 45, 2 x S. 46, 47, 64, 71, 72, 74, 76, 88, 92, 94, 104, 106, 115, 116, 121, 125
Selbmann, Sibylle: Mythos Wasser, Karlsruhe 1995 (Privatbesitz): S. 13
Staatliche Museen zu Berlin, Kupferstichkabinett: S. 20
Bayrische Staatsgemäldesammlung München: S. 22
Die Stimme des Rheins. Der Strom im Spiegel der Dichter des 18. und 19. Jahrhunderts, Köln 1956: S. 31, 33
Die Gartenlaube 1864: S. 30
Weisweiler, Hermann: S. 34
Altonaer Museum Hamburg: S. 35, 111
Die Neue Frauenkleidung IV. Jg. , 4/1908, Nr. 2: S. 37
Sportmuseum Köln: S. 38, 41
Peltzer Hilde: S. 40, 107
Sporthochschule Köln: S. 43
Bildarchiv Kölner Frauengeschichtsverein: S. 50, 69
Museum Deutsche Binnenschiffahrt Duisburg: S. 52
Duhr, Charlotte: S. 55
Thomas, Jakob: S. 56
Germanisches Nationalmuseum Nürnberg: S. 60
Mathar, Franz: S. 61
Barisch, Klaus: S. 62
Museum der bildenden Künste Budapest: S. 66
Ruhrland Museum Essen: S. 67
NS- Dokumentationszentrum Köln: S. 79, 80, 100
Bab, Bettina: S. 83
Wolf-Graaf, Anke: Die verborgene Geschichte der Frauenarbeit, Weinheim/Basel 1983: S. 68, 85
Göpel, Marie Lise: Frauenalltag durch die Jahrhunderte, München 1986: S. 102
Ahrens, Karin: Rodenkirchen in alten Ansichten. Zaltbommel 1992: S. 109
Landesbildstelle Westfalen: S. 125
Schneekluth, Leni: S. 131, 132
Sillich, Gisela: S. 139